● 山西省"1331工程"资助出版

中国制造业
僵尸企业问题研究

基于供给侧结构性改革的视角

范瀚文◎著

经济管理出版社

ECONOMY & MANAGEMENT PUBLISHING HOUSE

图书在版编目（CIP）数据

中国制造业僵尸企业问题研究：基于供给侧结构性改革的视角 / 范瀚文著 . —
北京：经济管理出版社，2021.2

ISBN 978-7-5096-7758-2

Ⅰ . ①中⋯ Ⅱ . ①范⋯ Ⅲ . ①制造工业—工业企业—管理—研究—中国 Ⅳ .
① F426.4

中国版本图书馆 CIP 数据核字（2021）第 030809 号

组稿编辑：张莉琼
责任编辑：丁慧敏　张莉琼
责任印制：黄章平
责任校对：董彬珊

出版发行：经济管理出版社
　　　　　（北京市海淀区北蜂窝 8 号中雅大厦 A 座 11 层　100038）
网　　址：www.E-mp.com.cn
电　　话：（010）51915602
印　　刷：三河市延风印装有限公司
经　　销：新华书店
开　　本：710mm×1000mm/16
印　　张：13.5
字　　数：182 千字
版　　次：2021 年 3 月第 1 版　2021 年 3 月第 1 次印刷
书　　号：ISBN 978-7-5096-7758-2
定　　价：78.00 元

前 言 | Preface

回顾中华人民共和国成立以来的 70 年，中国制造业的发展取得了令人骄傲的成就，在成立之初，我国连一辆拖拉机都制造不出来，而如今达到世界先进水平的中国高铁已经成为新时代最美的"中国名片"。中国制造业在实现跨越式发展的过程中逐步建立了门类齐全的生产体系，生产能力大幅提升，不仅主要产品产量位居世界前列，而且产品的国际竞争力也不断增强，让"中国制造"随出口贸易规模的扩大而享誉全球。可以说，制造业的发展提升了中国应对外部风险的能力和信心，也奠定了中国的富国之路。

随着全面建成小康社会目标的逐步实现以及城乡居民收入水平的不断提高，中国巨大的市场潜力将得到进一步释放。"一带一路"倡议的深入推进实施使中国制造业获得更多"走出去"的机会。中国制造业面临的市场需求将具有更加个性化和品质化的特征，供给对需求变化的适应性要求明显提高。与此同时，贸易争端、保护主义以及"黑天鹅事件"给全球经济带来深远的负面影响，外部需求萎缩的风险难以避免。面对内外部市场环境的变化，中国制造业必须通过供给侧结构性改革转型升级，减少无效低端的旧供给，增加高效高端的新供给，实现高质量发展。

僵尸企业作为低端无效供给的代表，长期占用大量资金、土地、机器设备等宝贵资源却不产生经济效益，直接拉低了生产要素的使用效率。不仅如此，僵尸企业还会对正常企业产生溢出效应，影响它们的健康运行。僵尸企业作为本应该退出市场的无效供给在市场中继续生存，甚至还持续扩大已经过剩的产能，成为我国制造业新旧供给转换和供给质量提升的一大障碍。供给侧结构性改革的根本目的是提升全要素生产率，而提升全要素生产率的途径可以归结为技术进步和资源重新配置两种，解决僵尸企业问题正是后者，这就建立了僵尸企业问题与供给侧结构性改革的逻辑关联。由于僵尸企业是微观供给主体，因此僵尸企业问题首先是供给侧的问题，当下解决制造业僵尸企业问题的任务既艰巨又紧迫。本书在供给侧结构性改革的视角下研究中国制造业僵尸企业问题，有助于认清该问题的本质，更好地为实现制造业高质量发展扫除障碍。

笔者在攻读博士学位期间开始对僵尸企业问题产生兴趣，并尝试结合中国制度背景，从政治经济学的理论出发展开研究，首先形成了博士学位论文，然后又在此基础上修改完善形成此书。本书的研究以供给侧结构性改革为观察视角，以中国特色社会主义政治经济学为理论基石，以实体经济的支柱制造业为研究对象，以妥善解决僵尸企业问题为核心目标展开，在现状、危害、形成机理、国际比较以及对策建议等方面进行了具体的阐述。本书也希望能够提供一个针对僵尸企业问题的较为全面的理论分析框架，深化对僵尸企业问题本质的认识，为制造业供给侧结构性改革乃至国有企业改革的继续推进提供路径依据和方案参考。

说起来只是一本小书问世，但在写作和出版过程中得到诸多指点、评论和建议，需要感谢的师长和友人很多。需要特别感谢的是中南财经政法大学经济学院的曾繁华教授、朱巧玲教授、杨虎涛教授以及程启智教授，他们曾对笔者的博士学位论文提出宝贵意见。还要特别感谢所在的工作单位——山西财经大学经济学院提供了良好的学术环境与科研支持，使书稿得以顺利更新和完善。此外，感谢经济管理出版社张莉琼老师的细致工作。本书出版得到了山西省"1331"工程的资助，在此一并致谢。

范瀚文

2020 年 5 月 6 日于山西财经大学

目录 | Contents

第一章

导论

　　党的十九大报告提出中国特色社会主义建设进入新时代，我国要实现在 21 世纪中叶建成社会主义现代化强国的目标。新时代建设社会主义现代化强国的关键是促进实体经济供给质量的提升，从而建立我国经济质量上的优势。制造业既是实体经济的核心，又是持续发展的根基，保持制造业健康高效运转的重要性不言而喻。虽然目前我国已经拥有了庞大而完备的生产制造体系以及生产能力，但整体上供给质量不高，难以及时应对消费结构的变化。因此，通过制造业供给侧结构性改革提升制造业的供给质量成为发展面向新时代制造业的必由之路，而解决制造业僵尸企业问题则是其中的核心环节。

　　供给侧结构性改革的根本目的是提升全要素生产率，而提升全要素生产率的途径可以归结为技术进步和资源重新配置两种[①]，解决僵尸企业问题正是后者，这就建立了僵尸企业问题与供给侧结构性改革的逻辑关联。僵尸企业作为低端无效供给的代表，长期占用大量资金、土地、机器设备等宝贵资源却不产生经济效益，直接拉低了生产要素的使用效率。不仅如此，僵尸企业还会对正常企业产生溢出效应，影响它们的健康运行。僵尸企业作为本应该退出市场的无效供给在市场

---

　　① 技术进步并非是全要素生产率增长的唯一途径。相反地，我国改革开放以来的全要素生产率增长更多地来源于资源重新配置，一个最广为人知的例子就是人口红利。

中继续生存，甚至还持续扩大已经过剩的产能，是我国制造业新旧供给转换和供给质量提升的一大障碍。

本书在供给侧结构性改革的视角下研究我国制造业僵尸企业问题，可以说是从一个中宏观视角切入对僵尸企业问题进行深度研究，也可以说是作为国有企业改革研究的一个专题。毋庸置疑，处理好僵尸企业问题以实现资源重新高效配置已经成为促进实体经济供给质量提升的重要一环。在供给侧结构性改革的视角下研究我国制造业僵尸企业问题有助于认清僵尸企业问题的本质，更好地为制造业转型升级扫除障碍。

第一节　研究背景及意义

一、研究背景

（一）国际背景：全球新产业革命引发产业结构调整

作为发生在工业领域的科技革命的代名词，工业革命在历史上已经发生了三次。第一次工业革命开始于18世纪，蒸汽机的发明让英国工业率先进入蒸汽时代。由于机械取代了人力，大规模社会化生产取代了个体手工业生产，工业迅速实现了机械化。第二次工业革命开始于19世纪，发电机的诞生让美国工业最早进入电气时代。电力作为新能源驱动了千千万万条工业流水线，工业生产实现了标准化。第三次工业革命则发端于20世纪，计算机的流行标志着人类社会进入信息时代，美国依然是领跑者。电子计算机在工业的广泛应用节约了大量人类的脑力劳动，工业流程实现了自动化。进入21世纪之后，基于信息物理融合系统的全球第四次工业革命已经在不知不觉中开始，人工智能、新型能源、量子通信以及虚拟现实等全新工业技术不断涌现，互联网产业化和工业智能化成为未来的发展方向。回顾历史不难发现，每一次工业革命都给人类社会的生产力水平带来突飞猛进的增长，而每一次工业革命的先驱都可以顺势而为，成为全球一个时代的领导者。

自 2008 年国际金融危机过后，全球制造业正逐渐复苏，发达工业化经济体的制造业增加值增速有所回升，但新兴工业化经济体包括我国的制造业增加值增速均有不同程度的下降。为应对第四次工业革命，世界制造业强国都提出了相应的发展战略规划。德国率先于 2013 年提出著名的"工业 4.0 战略"，开启了国家战略部署第四次工业革命的先河。随后，英国发布了《产业战略》，韩国发布了《制造业创新 3.0 战略》，美国发布了《美国创新战略》，法国发布了《未来工业》。在各国纷纷努力抢占先机以获得前沿技术制高点的背景下，我国不仅需要《中国制造 2025》的战略指引，更需要思索当今制造业存在的问题与解决的对策。

在科学技术突飞猛进的同时，世界产业结构主体逐渐演变为传统产业、高新技术产业与现代服务业三大支柱性产业。传统产业高度依赖化石能源，在绿色发展越来越重要的今日将受到资源约束与环境保护的双重限制，已经度过了发展的高峰期。现代服务业以金融业为中心，随着城市化的进程逐步加深，现代服务业获得了广阔的发展空间，目前已经进入发展的扩张期。最重要的是，以信息技术、生物技术、新能源等为代表的高新技术产业方兴未艾，是世界各国未来发展的方向。高新技术产业一个重要的特征就是高端技术的跨界融合，例如，信息技术与制造业的深度融合，催生了 3D 打印、智能工业机器人、虚拟现实等一系列新成果，大幅提高了生产效率。一方面，发达国家开始围绕新兴技术积极布局，推动制造业产业结构不断升级。另一方面，高技术产业的发展又使这些国家的制造业获取较高的附加值，始终位于全球价值链的高端地位。如果仅从制造业增加值的绝对规模来看，我国已经是世界工业第一大国。但从所处地位来看，我国制造业仍处于全球价值链的低端，附加值低，处于一种从属和被支配的地位。全球第四次工业革命引发产业结构深度调整的国际背景给我国制造业带来了发展机遇，但更多的还是紧迫的挑战。我国提升工业地位的方向是由"工业大国"向"工业强国"的转变，这就要求制造业必须尽快完成转型升级。僵尸企业问题作为制造业转型升级路径上的主要障碍之一，已经成为我国当前迫切需要解决的问题。

（二）国内背景：中国特色社会主义建设进入新时代

党的十九大报告提出中国特色社会主义建设进入新时代，从 2020 年开始到 2035 年基本实现社会主义现代化的目标。从经济的角度看，新时代实现社会主义现代化的目标需要建成现代化经济体系，从高速增长转向高质量发展，而实现现有资源的重新高效配置正是促进实体经济供给质量提升的重要一环。当今时代的制造业不仅是一国实体经济的核心支柱，也是稳定发展的信心来源，保持制造业健康高效运转的重要性不言而喻。虽然我国目前已经拥有了庞大而完备的生产制造体系以及生产能力，但整体上供给质量不高，难以及时应对消费结构的变化。因此，提升制造业的供给质量成为发展面向新时代制造业的重中之重。

我国步入工业化后期之后，经济增速整体放缓趋势明显，然而制造业受累程度更为严重。2015 年全国制造业增加值增速仅为 3.5%[①]，是近十年来最低增速。虽然自 2016 年开始呈现缓慢回升的态势，但已经增长疲态尽显，产能过剩、成本上升、利润下降和库存高企等矛盾也集中显现出来。在这些表层矛盾背后，深层次的结构性矛盾更加值得注意。当前我国制造业深层次的矛盾主要表现在供给与需求的结构错配方面，即供给与需求不相匹配，市场难以出清。一方面，低端产品供给远大于需求，出现严重的产能过剩，造成大量资源浪费。另一方面，中高端产品供给不能满足需求，产品质量数量都不足，市场份额

---

① 数据来源：国家统计局网站，笔者计算整理。

被国外占有①。这种现象源于我国制造业长期以来过度依靠要素投入获取增长，形成低端路径依赖，而低技术投入的结果必然是低端的产出，无法适应国际和国内逐渐提高的产品精细化、高端化、个性化需求。

为应对经济下行引发的一系列问题和挑战，中央提出供给侧结构性改革，以期更好地适应和引领经济新常态。"十三五"规划时期，制造业供给侧结构性改革的成效已经成为决定实体经济长期发展趋势的关键。因此，我国制造业必须通过供给侧结构性改革实现转型升级，由无效低端的旧供给逐步转变为高效高端的新供给，实现制造业供给与需求的对立统一。僵尸企业作为低端无效供给的代表，长期持续占用大量的宝贵资源却不产生经济效益，是我国制造业新旧供给转换和供给质量提升的一大障碍。供给侧结构性改革的根本目的是提升全要素生产率，解决僵尸企业问题就是解决资源的低效配置问题，有助于在现有技术水平下再提升实体经济的全要素生产率。由于僵尸企业是微观供给主体，因而僵尸企业问题首先是供给侧的问题，当下解决制造业僵尸企业问题的任务既艰巨又紧迫。

二、研究意义

（一）理论意义

自 2015 年 11 月 10 日中央财经领导小组第一次提出供给侧结构性改革以来，完成供给侧结构性改革已经成为我国制造业转型升级和提升国际竞争力的方向，供给侧管理尤其是制造业供给侧管理的相关理论研究还需进一步完善和深入。在供给侧结构性改革"三去一降一补"五大任务中，"去产能"赫然位列第一位，而去产能的一个关键就是"坚定地处置僵尸企业"。由于以往被高速的经济增长所掩盖，直至近年僵

---

① 我国消费者抢购外国品牌的奶粉、电饭煲、马桶盖等的热情至今不减，以致海淘和代购的持续火爆。

尸企业问题才在供需结构严重错配的宏观经济形势下被重新重视起来。僵尸企业占用大量经济资源如资金、土地、机器设备等却不产生经济效益，直接拉低了生产要素的使用效率，本身是拖累经济增长与发展的累赘。不仅如此，僵尸企业还会对非僵尸企业产生溢出效应，影响那些正常企业的健康运行。僵尸企业作为本应该退出市场的无效供给在市场中继续生存，有些甚至还持续扩大已经过剩的产能，对实体经济的危害是深刻而长远的。为实现实体经济的健康发展，必须尽快解决僵尸企业问题。

从目前已有研究来看，僵尸企业问题往往被孤立地研究，鲜有文献把僵尸企业问题置于供给侧结构性改革的背景之下，更没有从供给侧角度指出僵尸企业问题与供给侧结构性改革的内在联系。本书研究供给侧结构性改革视角下的制造业僵尸企业问题，具有以下理论意义：

一方面，企业作为市场上的微观供给主体，僵尸企业问题首先是供给侧的问题。我国制造业的僵尸企业问题本质上是一种无效或低效供给无法退出市场的问题，解决对策在于如何淘汰旧供给并转型升级为新供给，如何减少无效供给并增加有效供给，因此需要从供给侧结构性改革的视角进行理论分析。从供给侧视角进行的制造业僵尸企业问题分析为化解制造业供给侧结构性矛盾奠定新的理论基础，有利于丰富与发展产业经济学学科体系。

另一方面，从区域来看，我国地域辽阔，经济发展具有显著的区域不平衡性。由东至西，由南向北，从沿海自由贸易试验区到东北老工业基地，各区域的基础设施、资源禀赋、政策环境各不相同，因此各区域制造业在发展过程中存在的僵尸企业问题也表现出一定的差异性。从行业来看，我国制造业体系完整，覆盖行业齐全，不仅各行业之间本身资本技术密集度差异很大，而且我国制造业行业发展起步有早有晚，发展成熟度以及所处全球价值链地位参差不齐，制造业各行业的僵尸企业问题需要差异化分析。从所有制来看，制造业僵尸企业中国有企业占大多数，深化国企改革能否以及如何减轻制造业僵尸企业问题尚待深入研究。本书考虑制造业僵尸企业问题的区域差异化、行业差异化、所有制差异化因素，构建了一个基于供给侧角度打造现代制造体系的理论分析框架。

（二）现实意义

近年来我国制造业僵尸企业问题频频爆发，不仅是传统重化工业，甚至一些高技术新兴产业也出现了僵尸企业扎堆的现象，成为我国制造业提升供给质量、实现转型升级道路上的一大障碍，是当前实体经济迫切需要解决的问题。然而，我国制造业僵尸企业成因与美国、日本等历史上也遭遇过僵尸企业问题的发达国家不尽相同，处置僵尸企业的措施不能照搬照抄，需要具体问题具体分析。因此，基于供给侧改革的视角研究我国制造业僵尸企业问题，不仅具有以上理论意义，还具有较强的现实意义。

首先，本书在研究我国制造业僵尸企业问题时紧密联系制度背景，从政治经济学的角度出发来解释中国制造业的僵尸企业问题。从我国实际情况来看，制造业僵尸企业中国有企业的比例远大于非国有企业。为什么国有企业更容易成为僵尸企业？深化国企改革能否减少制造业僵尸企业数量？制造业国企改革的重心又应当放在哪里？我国的银行业体系从初步建立到逐步成熟都离不开政府的出资扶持，更依靠国家信誉获得了长足发展。我国的商业银行，尤其是国有银行与政府部门具有密切联系，使政府拥有较多支配信贷和财政双重资源的能力。那么，政府的干预在制造业僵尸企业的形成过程中起到了什么作用？又对制造业供求匹配造成了什么样的影响？对以上问题的研究有利于把握处置僵尸企业的方向和方式，为制造业处置僵尸企业提供决策参考。

其次，企业作为市场最重要的供给主体，僵尸企业问题就是供给侧的问题。僵尸企业本质上作为一种无效供给长期挤占大量宝贵的生产资源但利用效率极低，不仅本身不产生经济效益而且也侵蚀了其他正常企业的发展空间，是我国制造业新旧供给转换的一大障碍。解决制造业僵尸企业问题的本质是化解供给与需求不匹配的结构性矛盾，由无效低端的旧供给逐步转变为高效高端的新供给，实现制造业供给与需求的对立统一。在供给侧结构性改革的视角下研究我国制造业僵尸企业问题有利于深化对僵尸企业问题本质的认识，为制造业供给侧结构性改革的推进提供路径方案依据。

最后，因为我国产业政策由来已久，具有涉及行业广、扶持力度大、受益企业多的特点，所以相比于银行在信贷利息上的补贴，政府的补贴和扶持更可能是我国制造业僵尸企业得以存续的本质原因，这一点在国有制造业企业中表现得尤为突出。因此本书在对我国制造业僵尸企业进行识别时加入政府补贴的因素对现有国际通用识别法进行修正，并给出了一个新的识别逻辑解释，使之更适用于我国的国情，有利于今后对我国制造业僵尸企业问题的严重程度和危害进行更精准的测度和评估。

第二节　相关概念的界定

一、僵尸企业

僵尸企业是指在竞争性市场中丧失了自生能力，但凭借外部经济来源的救助和扶持而未能被市场自动清除的企业。在该定义中，一个企业成为僵尸企业需要同时满足两个条件：一是丧失自生能力。竞争性的市场表明市场中存在竞争因素而非完全垄断①，这也是价值规律的优胜劣汰作用能够充分发挥的前提，这必然导致某些企业在市场上最终

---

① 凭借自然垄断或行政垄断获利的企业可能不存在软预算约束而不属于僵尸企业。

失去盈利能力之后仅凭自身经营已经难以为继。二是由于外力而不被市场清除。这种外部扶持力量可能来自银行或政府，也可能两者兼有，但必定造成了丧失自生能力企业的软预算约束，使它们能够在市场上存续，成为僵尸企业。

二、自生能力

自生能力是引申自新结构经济学的一个概念：如果一个企业能够在自由、开放和具有充分竞争性的市场环境中通过正常的经营管理方式获取足够的利润，那么这个企业首先可以保证自身的生存，进而可以扩大规模和技术进步实现自身的发展，因此该企业是具有自生能力的，即不依靠外部扶持力量也能够在市场上生存。反之，则说明该企业不具有自生能力。不具有自生能力的企业仅凭自身收入不一定能够弥补生产成本，盈利预期很低，难以获得来自市场的投资，一旦失去政府和银行等外部力量的帮助就无法在市场上存活。

三、软预算约束

软预算约束是指企业支出小于等于其货币存量与企业收入之和的正常预算约束条件被打破，这意味着有外力参与到企业的现金流循环之中，企业不再是凭借自身的经营管理以及不借助于任何外力而"自生自灭"的。软预算约束是一个企业成为僵尸企业的必要条件，本书中所讨论的僵尸企业成因根据软预算约束来源的不同分为信贷软约束[①]与补贴软约束[②]两类。

---

① 企业由于得到非市场化条件下的低息贷款和追加贷款而造成的软预算约束。
② 企业由于得到巨额的政府补贴而造成的软预算约束。

四、供给侧结构性改革

供给侧结构性改革，是针对供给结构不能及时适应需求结构变化而产生的结构性矛盾所进行的改革。供给侧结构性改革的内涵包含"供给侧""结构性""改革"这三个关键词。"供给侧"的着力点在供给端或生产端，因为实体经济的现状是高端供给不足而低端供给过剩，导致有效供给不足，供给侧的问题就必须从供给侧解决。"结构性"是指问题的根源是结构性矛盾，既包含产业结构又包含企业结构。对于产业而言，行业结构高级化程度不足，价值链分工地位低下，产能过剩与产能不足并存；对于企业而言，僵尸企业大量存在，导致生产要素不能有效配置。"改革"说明解决问题的对策是体制机制改革，即对束缚生产要素有效供给和高效配置的原有制度进行改革创新，从而有效提升生产要素的配置效率和产品的供给质量。

五、供给结构

供给结构是指资源在生产端的配置结构，在产业层面表现为各个行业的产能比例。从总体上看，我国制造业产业结构高级化程度偏低，一些传统重化工产业的低水平产能过剩依然严重，而高新技术产业占比还比较低，存在低端无效供给过多、高端有效供给不足的结构失衡问题。在某些因素的作用下，产业供给结构失衡被进一步放大[①]，导致僵尸企业问题在某些行业内爆发。

六、供给质量

供给质量是中国特色社会主义政治经济学的一个重要范畴，其含

---

① 我国产业结构的形成和演化受市场之外的很多因素影响，因此容易与需求结构脱节。

义是供给侧的特性满足需求侧的要求的程度，决定了供给对需求的适应能力以及适应程度。然而与供求匹配一词中无所谓供给与需求的地位高低形成区别，供给质量特别强调供给对于需求变化的主动适应性。

第三节　研究思路与方法

一、研究思路

本书以供给侧结构性改革为观察视角，以中国特色社会主义政治经济学为理论基石，以实体经济的支柱制造业为研究对象，以妥善解决僵尸企业问题为核心目标来展开。具体的研究思路如下：

首先，根据马克思主义政治经济学与西方经济学相关理论对僵尸企业问题的本质做出解释，为本书的研究奠定理论基础。同时为更好地承接现有研究成果做出针对我国国情和现实的僵尸企业问题研究，本书进而对国内外相关文献进行了梳理与分析。

其次，根据我国实际情况对国际流行的僵尸企业识别法进行了修正，并分地区、分行业、分所有制展示我国制造业僵尸企业问题的现状与危害，表明我国制造业从供给侧视角来看供给结构和供给质量的问题突出、亟待转型升级，然而僵尸企业问题是阻碍制造业新旧供给转换和转型升级的一大障碍。想要实体经济在未来实现持续健康发展，必须妥善解决僵尸企业问题。

再次，基于供给侧角度对制造业僵尸企业的形成机理进行了分析，将僵尸企业问题作为供给问题分析有利于从深层发现僵尸企业问题产生的本质原因。进而通过实证验证制造业僵尸企业造成的供需错配影响，并深入考察政府干预因素对僵尸企业危害的放大作用，旨在证明政府干预过度，依靠市场自发作用才是处置僵尸企业的最优途径。

最后，选取与我国具有相似之处的东亚模式代表国家日本和韩国作为样本，在分析这两个国家处理僵尸企业问题的成功经验与失败教训的基础上，提出解决我国制造业僵尸企业问题的对策建议。

二、研究方法

在研究方法上，本书主要采用以下研究方法：

（一）文献研究法

本书收集和整理了大量国内外僵尸企业问题的相关文献。通过对文献的梳理与分析，不仅有利于进一步深入认识僵尸企业的产生原因和不良影响，为下一步从供给侧的视角构建僵尸企业成因和危害的理论奠定了良好的基础，而且为后续进行制造业僵尸企业的识别提供了可以借鉴的方法与途径。通过对现有文献的整理，也发现了现有研究的不足之处，于是才有了本书基于我国国情和环境进行针对制造业僵尸企业问题的相关研究。

（二）实证研究法

通过实证研究法，可以更加真实直观地识别我国制造业僵尸企业问题发展趋势，进而检验僵尸企业的危害和影响因素，有助于对制造业僵尸企业问题的严重程度取得直观认识并针对影响因素寻找相应解决对策。本书基于中国工业企业微观数据库，通过建立多元线性回归模型，采用面板固定效应的回归方法取得了制造业僵尸企业加剧供求错配和抑制有效供给产生的溢出效应结果。进一步地，通过在模型中引入交互项，本书检验了政府干预因素在僵尸企业的影响中所起的作用。

（三）比较研究法

本书选取了日本和韩国这两个具有典型东亚模式特征的国家作为

僵尸企业问题处理的分析样本，因为日本与韩国的经济中曾经存在或者至今仍然存在的问题与我国经济中存在的问题具有一定的相似性。因此通过将我国与日韩两国之间的实际情况进行比较，不仅可以从中找到差异性所在，更发现僵尸企业问题产生的制度性根源，为对策建议的提出奠定基础。

第四节　研究内容与结构

本书共包括八章内容，其中第一章为导论，第二章、第三章、第四章与第六章为理论分析，实证分析章节主要集中于第五章，第七章则主要是根据上文的研究提出解决我国僵尸企业问题的对策建议，第八章为结论，每章的主要内容如下：

本书开篇为导论。在导论中主要包括本书的研究背景及意义、相关概念的界定、研究思路与研究方法、研究内容与结构四部分内容，属于对本书研究内容的一个简介。

第二章为"僵尸企业问题溯源：理论分析与文献综述"。在理论基础部分，本章运用马克思主义政治经济学的资本循环理论、再生产理论以及生产过剩理论对僵尸企业问题的形成原理进行解释，并采用西方经济学中的理论完成进一步的丰富和补充，展现了僵尸企业问题的本质起源。在文献综述部分，本章对现有僵尸企业问题相关研究进行了回顾和梳理，为下文进行针对我国国情和环境的僵尸企业识别提供了可以借鉴的方法与途径。

第三章为"我国制造业僵尸企业现状与危害"。首先，对国际上广泛使用的 FN-CHK 识别法的优缺点进行分析，针对其在我国的适用性对该方法进行了修正，并提出一个新的以软预算约束为核心的识别逻辑。其次，考察了我国制造业僵尸企业问题的区域差异化、行业差异化、所有制差异化分布，并分析其背后的现实原因。最后，从理论上分析了僵尸企业作为一种低端无效的供给主体对实体经济发展质量所造成的危害。

第四章为"我国制造业僵尸企业的形成机理：基于供给侧视角的分析"。这一章为制造业僵尸企业形成机理提供了新的解释角度。制造业僵尸企业的形成原因复杂，既有外部因素影响作用的诱导，又有本身发生质变的内在基础，还有其"僵而不死"的根本原因。这些因素都可以从供给的角度去解释：产业供给结构的失衡导致其中某些行业供给过剩，是僵尸企业产生的外部诱因；自身供给质量低下的微观市场主体容易丧失自生能力，是僵尸企业产生的内在基础；银行的"输血"与政府的干预加上退出机制的缺陷使无效供给无法及时被市场清退，是僵尸企业产生和存续的本质原因。

第五章为"我国制造业僵尸企业对供求匹配的影响：基于出口规模的实证检验与分析"。本章基于中国工业企业数据库中的企业出口规模数据实证检验了制造业僵尸企业对供求匹配的影响，并且进一步分析了政府干预因素在僵尸企业问题中所起的作用，为本书得出的一些结论提供了实证上的证据和支撑。

第六章为"僵尸企业问题处理的国际经验与启示"[①]。首先，描述了日本泡沫经济破灭之后僵尸企业问题恶化的经济背景，并且分析了主银行制度在其中所起的作用。其次，1997 年亚洲金融危机的爆发导致韩国长期以来的财阀经济神话破灭，政商裙带关系也成为僵尸企业问题的制度根源。最后，本章根据日本和韩国这两个东亚代表性国家处理僵尸企业问题的实践，从中得到相应的启示。

第七章为"解决我国制造业僵尸企业问题的对策建议"。本章在前

---

① 这里标题虽然是"国际经验与启示"，但主要研究对象只选取了日本和韩国两个国家，因为这两个典型东亚国家的发展道路以及其中的经验教训对我国僵尸企业问题的处理最具有启发性。

文分析结论的基础上提出解决我国制造业僵尸企业问题的对策是协同推进经济结构调整与体制机制改革，即从产业层面上减轻产业供给结构失衡、从企业层面上提升市场主体供给质量以及从制度层面上推进市场体制机制改革，从而沿着减少存量和控制增量的思路来解决我国制造业僵尸企业问题。

第八章为"研究结论与展望"。该部分实际上是作为全书的一个总结，列举了本书研究我国制造业僵尸企业问题所得出的主要结论，进而提出可能实现的一些创新之处，并对未来可能继续的研究方向和研究问题做出展望。

第二章

僵尸企业问题溯源：理论分析与文献综述

　　僵尸企业问题并不是一个前所未有的经济问题，只是由于以往被持续不断的高速经济增长所掩盖，直至近年僵尸企业问题才在供需结构严重错配的宏观经济形势下重新受到重视[①]。制造业作为实体经济的核心目前增长疲态尽显，饱受僵尸企业问题频发的困扰，因此制造业僵尸企业问题的解决成效关乎整个实体经济的发展前景。为进一步准确把握和深入研究制造业僵尸企业问题，本章首先基于马克思主义经济理论和西方经济学经济理论对僵尸企业问题的经济学本质进行了阐述。同时，为了更好地承接现有研究成果做出针对我国国情和现实的僵尸企业问题研究，本章对国内外相关文献进行了梳理与分析。

第一节　理论基础

一、马克思主义经济理论解释

（一）马克思资本循环理论

产业资本家们所进行的物质生产活动基本上都可以归结为一个简单

---

　　① 事实上，在我国僵尸企业问题从 2016 年开始才越来越受到各界的重视。

的模式：他们首先拥有一定量的货币，然后进入生产资料市场购买生产资料，在劳动力市场上购买劳动力，并使用某种技术手段和组织形式将生产资料和劳动力结合起来投入生产，生产出新的产品。最终产品进入产品市场，它们的总价会被定为最初投入的货币总量加上剩余价值的数目。售卖过程如果顺利的话，这一过程就以资本家收到出售商品所得货币为终点完成一个循环。这是卡尔·马克思（Karl Marx）在《资本论》中提出的资本循环的基本模式，可以看到资本在生产的不同阶段分别变换了不同的存在形式，一个完整的循环可以用一个链条表示：货币—商品—生产—新商品—更多的货币，或者用字母表示为：$G-W\cdots P\cdots W'-G'$ [①]。马克思强调的是劳动力在这个过程中创造出比它在劳动力市场上所售卖的价值更多的价值，也称为剩余价值。剩余价值蕴含在新商品中，在市场上新商品如果按其价值出售，就可以为资本家带来利润。随后，资本家售卖所得的货币将全部或部分地再次依照这个过程进行下一次循环。随着资本的三种职能形式在空间上并存，在时间上继起，人类的物质资料生产活动就是这样源源不断地进行下去的。

当然，整个过程不一定总会那么顺利，尤其是"买"和"卖"的环节。马克思显然注意到资本形式的变换并不轻松。从直觉上看，货币资本转化为商品资本比商品资本转化为货币资本要容易得多，毕竟货币是一般等价物，作为价值的特殊形式的商品似乎比反向进行要少很多阻力。虽然货币在购买生产资料时也不一定总能够顺利实现，比如生产汽油的企业购买不到原油，但是相比商品资本售卖为货币时所需的"惊险的跳跃"这个风险还是小多了。这里就包含着对萨伊定律（Say's Law）的批判：拥有货币的人根本没必要立刻去购买商品，他完全可以持有货币，像凯恩斯所言的那样随时保有流动性，这样生产过剩危机不存在的论断就无法成立了。马克思认为，如果商品卖不出去，资本循环在这个环节就会中断，生产资料的补偿就无法完成，继续生

---

① 这里马克思假设凝结在新产品中的全部价值的实现可以顺利完成。

产就会被先行阶段的缺失所阻断。这种情况持续时间越久，生产陷入的混乱也就越大，而且在售卖阶段的停滞会使整个资本的总循环陷入停滞之中。

僵尸企业是一个特殊的资本循环的例子，特殊之处在于僵尸企业仅凭自身之力是无法实现资本循环过程的。作为一种无自生能力的企业，僵尸企业无法独立地创造利润即实现剩余价值，这绝大多数是由于从产出新商品到售卖为更多的货币这一环节不能通过，即生产出的商品卖不出去。如果生产的商品由于种种原因不被市场接受，那么商品生产者的劳动就没有被社会承认，个别劳动就没有转化为社会劳动。个别劳动和私人劳动的这个矛盾不解决，商品生产者的劳动消耗就不能得到补偿，在充分开放和竞争的市场条件下这个商品生产者最终一定会因此而破产。如果所有的"问题企业"都因资本循环障碍而退出了市场，僵尸企业问题也就不复存在了。那么为什么僵尸企业没有破产而在市场上存活下来了呢？一定是某种外力帮助它勉强完成了资本循环。本书会在后面的章节着重分析这些外力因素，它们主要包括银行和政府的补贴以及持续的银行贷款，而这两种外力因素对僵尸企业资本循环的推动作用机理不尽相同。

持续的银行贷款帮助僵尸企业在市场上存活不难理解：当僵尸企业无法通过自身的资本循环过程使先行耗费的生产资料价值得到补偿时，持续的银行贷款就被用来充当新的货币资本的角色，这使得僵尸企业又可以将货币资本转化为商品资本即购买生产资料进行生产了。无论最终生产出的商品能否售卖出去，将商品资本转化为货币资本并还清银行的贷款，这个僵尸企业至少暂时看起来还是继续运转的。这里从原理上可以看到，持续的银行贷款并没有能够帮助僵尸企业完成资本循环的作用，它只是代替本应作为生产资料价值补偿的货币资本（G'）去执行货币资本（G）的职能。如果僵尸企业不改变生产方式如进行技术和管理创新等，那么最终个别劳动还是不能完全转化为社会劳动，僵尸企业还是无法完成完整的资本循环过程，所以它们需要"持续"

的银行信贷。

银行和政府的补贴则是另外一种情况：这些补贴的本质是变相降低了僵尸企业购买同样生产资料和劳动力时的价格，使它们与其他企业相比以更小的代价获取了同样价值的生产资料和劳动力，即拥有更低的生产成本。结果就是导致这些僵尸企业可以将生产出的商品按照低于其价值很多的价格在市场上出售，从而实现先行耗费生产资料价值的部分补偿。由于售卖商品的价格降低，出售难度下降，商品资本（W′）比以前更容易转化为货币资本（G′），这样就使僵尸企业的资本循环可以进行下去了。然而，虽然僵尸企业在补贴的帮助下可能得以勉强完成资本循环，但是最终获取的货币资本可能是不足以弥补先前全部预付资本的，也就是说总有一部分个别劳动没有得到社会承认。这也是僵尸企业没有独立完成资本循环的能力的体现：僵尸企业产品所包含的个别劳动时间往往大于社会必要劳动时间，一旦失去补贴的帮助，僵尸企业的资本循环就会逐步趋向中断。

（二）马克思再生产理论

在《资本论》中，马克思设计了一个被划分为两大部类的经济：第一部类的作用是为其他资本家提供生产资料产品和生产服务，包括原材料、半成品、机器、厂房以及产品设计、物流服务等；第二部类提供给工人和资本家个人消费的消费资料和生活服务，可粗略划分为必需品和奢侈品[①]。两大部类的划分依据是产品的物质形态所决定的最终用途，因此这是一种将宏观经济运行高度抽象为社会总产品再生产的方法，而每一部类的社会总产品在价值形态上又被划分为生产资料转移的价值（c）、工人必要劳动的价值（v）和工人剩余劳动的价值（m）。马克思随后提出了简单再生产的一个实现条件为：Ⅰ（c+v+m）= Ⅰ（c）+ Ⅱ（c）以及 Ⅱ（c+v+m）= Ⅰ（v+m）+ Ⅱ（v+m），这个条

---

① 马克思的两大部类划分法为本书分析产业供给结构提供了一个最简单实用的模型。

件表明当第一部类生产的生产资料和生产服务满足自身消耗补偿之后多余的部分正好可以与第二部类生产的消费资料和生活服务满足自身消耗补偿之后多余的部分相交换。这样，第一部类正好为整个经济提供所有的生产资料和生产服务，既不过剩也不短缺；第二部类也正好为整个经济提供所有的消费资料和生活服务，既不过剩也不短缺。整个经济可以这样毫无变化日复一日地重复循环，但这样显然是非常不符合现实的：资本家追求资本的不断增殖，不会将剩余产品全部消费掉，而要将它们部分或全部用于积累，这就出现了社会扩大再生产。扩大再生产的实现条件比简单再生产复杂一些，第一部类的产出需要满足 $Ⅰ(c+v+m) = Ⅰ(c+\Delta c) + Ⅱ(c+\Delta c)$，第二部类的产出需要满足 $Ⅱ(c+v+m) = Ⅰ(v+\Delta v+m/x) + Ⅱ(v+\Delta v+m/x)$。其中，符号 Δ 表示扩大生产需要追加的资本，m/x 表示资本家所消费的剩余价值量。在社会扩大再生产模式下，随着资本的逐渐积累，经济就可以源源不断地增长下去。实际上马克思所设计的再生产图示隐含了很多苛刻而难以察觉的前提假设：经济中只有工人和资本家两个阶级，工人只进行消费，资本家除了消费还进行资本积累；整个经济只大体地划分为生产生产资料和生产消费资料的两大部类；需求与供给是完全均衡的；两大部类的产出周转时间都是相同的一年；经济体不存在技术进步；所有的商品均能够按照其价值进行交换等。马克思的本来意愿是"既在价值又在物质"形式上表达再生产的过程，但他最终仅仅实现了两大部类的社会总产品之间应满足的价值比例关系，没有就使用价值形式上的比例关系进行探讨。

僵尸企业往往是以一种低端落后的生产力的形式长期存在于第一部类和第二部类中的，随着整个社会的技术进步，这种低端和落后的生产力会阻碍社会扩大再生产的进行速度。首先仍从两大部类总产品的价值形式上进行考察，下面以第一部类满足的社会再生产条件为例进行说明，第二部类同理。根据社会扩大再生产的实现条件，$Ⅰ(v+m)$ 大于 $Ⅱ(c)$ 的部分正是 $Ⅰ(\Delta c)$ 与 $Ⅱ(\Delta c)$ 的来源，所以 $Ⅰ(v+m)$ 大于

Ⅱ（c）越多两个部类的不变资本积累就越快。由于第一部类中的僵尸企业会拉低第一部类总的生产率，所以僵尸企业的比例越高，Ⅰ（v+m）的价值大于Ⅱ（c）的部分就越小，相应地，Ⅰ（Δc）与Ⅱ（Δc）越小，社会再生产的进行速度也越慢。此外，从使用价值形式上进行考察可以更好地发现僵尸企业对社会扩大再生产的危害。以第一部类为例，如果第一部类存在大量僵尸企业，这些企业由于技术创新能力差，生产出的产品科技含量低，就难以满足本部类和第二部类转型升级时对更先进的生产资料的需要。第一部类的僵尸企业生产的商品的使用价值无法满足需求，因此不能进入消费，商品的内在矛盾就始终没有解决，商品生产者必然陷入困境。比如我国是钢铁生产大国，钢铁产业中存在大量"僵而不死"的僵尸企业。这些企业生产的传统粗钢的市场需求量越来越小，而它们又没有能力生产市场需求量日益增大的特种钢材。僵尸企业在市场中的长期存续造成生产资源的浪费，给社会再生产的进行尤其是再生产质量的提升设置了障碍。

（三）马克思生产过剩理论

僵尸企业问题总是与生产过剩相生相伴的，在某个生产过剩严重的行业中往往也存在着大量的僵尸企业[①]。因此，僵尸企业问题可以从生产过剩的后果的角度进行深层分析。马克思指出，生产过剩的内在根源在于商品经济中的私人劳动和社会劳动的矛盾。在商品经济中，商品生产者生产并出售商品的过程是一个让渡商品的使用价值而取得商品价值的过程。对于商品生产者而言，追求自身利润最大化是他们的目标，在实现这个目标的过程中生产什么和如何生产都是由生产者自行选择的，因此他们生产的商品首先是私人劳动的产物，具有不可避免的盲目性。只有商品得以顺利出售，才能解决商品的使用价值和

---

① 马克思分析的生产过剩主要是因需求不足导致的生产过剩，但伴随僵尸企业问题出现的生产过剩现象背后的成因远不止需求不足那么简单。

价值的矛盾，这时包含在商品中的私人劳动才能被社会所承认从而转化为社会劳动。私人劳动和社会劳动的矛盾得以解决，商品生产者才能取得商品的价值。在追逐利润的激励和市场竞争的压力下，信息不完全的商品生产者只是根据自身的利益追求选择扩大再生产，最终商品供给量与商品需求量难以匹配。

随着生产技术的不断进步，社会化大生产对各部门社会生产资料的分配比例合理性要求越来越高，而现实中整个社会通过市场调节分配资源比例从而产生的这两者间的矛盾也越来越难以调和，这在当今我国制造业中表现得尤为突出。如果商品生产者过多地"涌向"了某个行业，根据第二种社会必要劳动时间的含义，这种情况意味着社会的总劳动投入某一生产领域的劳动时间已经远超社会的需要，生产相对（结构性）过剩的危机就产生了。

在生产相对过剩的行业，生产效率较高的生产者的个别劳动时间成为生产该商品的社会必要劳动时间，即商品的价值相比原先的状态降低了。对于生产效率较低的商品生产者，其生产的商品在售卖过程中价值无法得到补偿或者只能得到部分补偿，包含在商品中的个别劳动时间只有部分能够被社会承认。在这种生产过剩的情况下，生产效率低下的商品生产者不仅无法取得利润，还会发生亏损，最终必然会被迫退出市场。如果银行或政府基于某种目的向这些商品生产者提供信贷补贴，使它们在市场上继续存活，最终的结果必然是造就了一大批僵尸企业。

二、西方经济学经济理论解释

（一）要素禀赋结构、比较优势与企业自生能力[①]
僵尸企业最重要的特征之一就是不具有自生能力。企业的自生能

[①] 这部分理论分析受到新结构经济学的启发，参见林毅夫（2014），但强烈的新古典经济学色彩导致其并不能成为我国僵尸企业问题最好的理论分析工具。

力是定义在自由、开放和竞争性的市场环境下的：如果一个企业不依靠垄断因素，能够在自由、开放和具有充分竞争性的市场环境中通过正常的经营管理方式获取足够的利润，那么该企业首先具备使自身生存下去的能力，并且具备了技术进步和扩大规模的发展条件，该企业就是具有自生能力的。反之，则说明该企业不具有自生能力。这样的企业所得收入甚至不一定能够弥补生产成本，更不必说进行技术研发和扩大生产规模了。由于不能盈利所以不会获得来自外部的投资，无自生能力的企业除非获得政府和银行等外力的帮助，否则仅凭自身无法在市场上存活。

在竞争性的市场中，一个企业的自生能力不仅取决于企业家的经营管理能力，更与其进入某个产业或者采用某种技术的选择息息相关，因为这些都直接关系到企业的盈利能力。为便于分析，假设在某个经济中仅需要资本和劳动这两种生产要素生产一种商品。如图 2-1 所示，等产量线 Q 上的每一点表示生产一定量的某种商品时所采用的资本和劳动的数量的一种组合，这同时也代表着一种生产技术。在图中，A 生产点所采用的生产技术所需的资本密集度高于 B 生产点所采用的生产技术，B 生产点所采用的生产技术所需的劳动密集度高于 A 生产点所采用的生产技术。等成本线的斜率反映了资本和劳动的相对价格，C 和 C′ 这两条较陡的等成本线的斜率反映出资本相对便宜而劳动相对

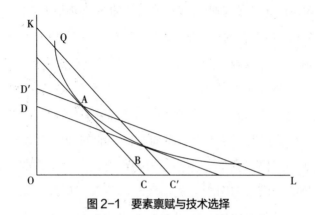

图 2-1 要素禀赋与技术选择

昂贵，D 和 D′ 较缓的斜率则表明劳动相对廉价而资本相对昂贵。在同一产量下，当资本相对便宜而劳动相对昂贵时，选择资本密集度更高的 A 生产技术的成本小于 B 生产技术；当劳动相对廉价而资本相对昂贵时，劳动密集度更高的 B 生产技术则是企业的最优选择。

在高度开放和竞争的市场中，激烈的市场竞争导致生产同种商品时付出更高成本的企业不可能盈利，因此不具有自生能力。与此同时，在竞争性的市场中生产要素的相对价格是由经济体的资源禀赋结构即资本和劳动的相对稀缺度决定的。既然在给定生产要素的相对价格之后，企业的技术选择就决定了其是否具有自生能力，那么一个企业根据当地资源禀赋条件而选择使得自身成本最小化的生产技术就显得非常重要了，因为违背要素比较优势意味着企业必然失去在市场中的自生能力。此外，在现实中一个地区的资源禀赋条件会随着时间的流逝而发生改变，生产技术也会不断取得进步，因此企业必须时刻做出改进才能保持拥有高度的自生能力。与之相反，没有自生能力的企业难以通过经营管理获取社会可以接受的利润水平，于是就不能得到私人投资，只能依靠政府保护和补贴避免倒闭的命运，从而很可能成为无法被市场竞争所淘汰掉的僵尸企业。

研究对象由企业转变为产业需要放松市场中只有一种商品的假设，一个产业显然会包含多种商品。如图 2-2 所示，假设产业 I 中包含三种商品，做出既定产值条件下这三种商品的等产量曲线 C1、C2 和 C3，即 C1、C2 和 C3 代表的产品价值是相等的。在这种情况下，一个产业的等产值线就可以表示为三种产品等产量线的包络线，它表示产业内每种产品的最优生产技术集。由产业 I 的等产值线可以知道，如果采用最优的生产技术选择，产业 I 中的产品从 C1 到 C3 资本密集度不断下降而劳动密集度不断上升。将前文对企业的分析结论推广至产业，一个产业如果想保持竞争优势就必须随着要素禀赋结构的变化选择符合比较优势的产品，即图中等成本线与产业等产值线的切点。与企业同理，由于地区要素比较优势以及产业内技术水平的动态性，同一种产业内产品的选择也不是一成不变的。一旦做出不符合比较优势的产品选择或者由于某种原因失去比较优势，就可能导致该产业内充斥着效率低下的僵尸企业。

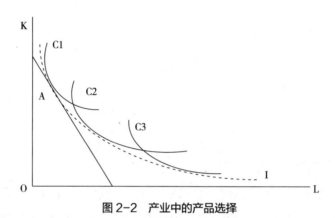

图2-2 产业中的产品选择

下面进而说明一个经济体的产业选择以及如何使产业保持竞争优势。如图 2-3 所示，假设某经济体中包含三个产业，这三个产业的产值相同，分别用 I1、I2 和 I3 这三条等产值线表示。当经济中的资本相对于劳动更丰裕时，等成本线为 C，与等产值线 I1 和 I2 分别相切于 R 点和 S 点；当经济中的劳动相对于资本更丰裕时，等成本线变为 D，与等产值线 I2 和 I3 分别相切于 T 点和 U 点。图 2-3 说明当一个经济体的比较优势在于丰富的资本时，应当选择产业 I1 中的 R 点或者产业 I2 中的 S 点进行生产；如果比较优势转变为廉价的劳动时，就应当转而选择产业 I2 中的 T 点或者产业 I3 中的 U 点进行生产，这样才能保持最低成本的生产优势，才能在开放竞争的市场中具有自生能力。此外，以上分析表明当一个经济体的比较优势发生变化时，其最优产业选择以及产业内最优产品或生产技术的选择也应当随之而变，否则将失去自生能力。发展违背比较优势的产业或者生产违背比较优势的产品都会使企业在市场竞争中具有劣势，生产效率低下而发展成本高昂，在求生存的情况下不得不对外部力量的扶持形成严重依赖，容易成为僵尸企业问题爆发的开端。

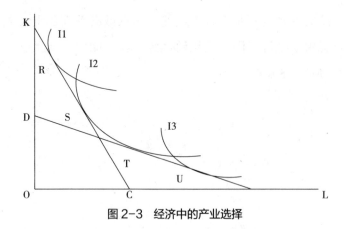

图2-3　经济中的产业选择

（二）软预算约束问题[①]

僵尸企业之所以能够在竞争性市场上存续，其背后必然存在严重的软预算约束（Soft Budget Constraints）问题。一般地，正常企业需要满足企业支出小于等于其货币存量与企业收入之和的预算约束条件，在该条件下企业现金流的循环周转仅由该企业一个主体提供驱动力进行驱动，此时可以说该企业的预算约束是硬的。硬预算约束条件不仅仅是一种财务关系，而且代表着对企业行为和状态的限制程度，表明企业在市场中真正是凭借自身的经营管理不借助于任何外力而"自生自灭"的。但是在现实中，完全符合硬预算约束条件的企业几乎不存在，只要满足以下4个条件中的至少1个，企业的预算约束就会被软化，即失去实际约束力，表明企业的生存将不仅仅是依靠自身能力在市场竞争中胜出的结果：

（1）影响价格的制定。由于理论上的完全竞争市场在现实中是不存在的，所以企业或多或少都会对市场上价格的制定产生影响。比如垄断或寡头企业控制和操纵市场价格的能力比较强，这些企业可以比较容易地将增加的成本转嫁到消费者身上，价格对于垄断或寡头企业

[①]　软预算约束理论成为本书分析僵尸企业问题的核心之一，经典理论参见亚诺什·科尔内（1986）。

而言并不是外生的。正因为如此，垄断或寡头企业对资源的利用效率较低，可能保护了效率低下的企业。

（2）税收制度的软化。税收是企业支出的重要部分，税收制度的软化意味着企业在这部分的支出不再是"确定"的，而存在各种削减的可能。比如大型财团以及支柱性企业可能有能力影响当地税收条例的制定，使其更有利于自身发展以及有些企业得到税收减免优惠等。

（3）政府的无偿拨款。由于政府的某种目的，企业可能会在不必付出任何代价的情况下得到数额巨大而且没有偿还义务的长期性或临时性补贴。一个典型的例子是我国的选择性产业政策，政府为了扶持新兴产业发展以及发挥后发优势，从而对部分行业内的企业给予大量补贴。

（4）信贷制度的软化。信贷制度的软化是指银行与企业之间的市场化信贷原则被打破，包含两种情况：一是银行允许企业不履行或不完全履行信贷协议中的偿还义务，比如银行对企业的信贷利息减免；二是银行对不符合放贷标准的企业发放贷款，即使银行已经认定企业不具有按期归还贷款的能力，依然向该企业提供了信贷。

对于僵尸企业而言，其预算约束被软化的程度很严重正是因为软预算约束条件的满足在维持着僵尸企业在市场中的生存。软预算约束会带来一系列后果，使企业在市场中的效率大大降低。首先，企业在竞争性市场中的生存与否将不仅仅取决于其是否能够通过生产销售获取可以接受的利润，借助于税收减免、政府补贴、信贷补贴、持续贷款等都可以使企业在主营业务无法盈利的情况下存活下去。其次，企业的技术研发与扩大规模对内部资金积累的依赖度下降而对外部资金来源的依赖度提高，企业会提出种种借口寻求更多的补贴和保护。最后，软预算约束使企业走出自担风险的境地，而尽可能地将更多的不确定性转嫁于人，产生风险转移链条。总之，软预算约束导致企业将不再依赖于市场，而是依赖于政府、银行等为它提供资金的机构，因此识别僵尸企业的软预算约束来源和性质也就成为贯穿整个僵尸企业问题研究过程的核心。

第二节　文献综述

一、僵尸企业的内涵与识别

（一）僵尸企业的内涵

当今，在某个名词前冠以"僵尸"二字的做法已经并不新奇，但多年前"僵尸企业"一词刚提出时，由于生动形象立即就被人们广泛接受。用"僵尸"一词来形容企业的做法最早出现在 Kane（1987）的文章中，他类比恐怖电影中僵尸感染并吞噬正常人的场景来反映市场中所谓的"僵尸企业"对"正常企业"的危害性和传染性。而后，Kane（1993）又具体描述了美国在 20 世纪中叶开始出现的一批完全依靠联邦政府担保的存款保险在市场中存活的金融机构的经营状况。这些企业在获得了存款保险补助之后得以采用更高的存款利率和更低的贷款利率与同业企业进行恶性竞争，大大压缩了行业正常的利润空间与发展空间，俨然成为企业界恐怖的"僵尸"。

进入 21 世纪之后，西方学术界涌现出一系列研究僵尸企业问题的文献，各自从不同的研究角度给出了对僵尸企业的定义。Ridzak（2011）针对银行信贷行为的研究发现是源源不断的银行贷款使僵尸企业得以存活，因此文章给出一个简洁的定义：凭借持续地得到银行贷款而免予破产倒闭的企业就是"僵尸企业"。在此基础上，Okamura（2011）在定义中进一步考虑了银行资本充足状况，认为僵尸企业是银行资本金匮乏状态下的产物。因为僵尸企业在银行资本金匮乏时能够持续获得贷款，但银行在资本金充裕时无惧坏账损失因而会要求这些企业破产。

Hoshi 和 Kim（2012）则充分关注了市场出清作用的失灵，认为僵尸企业是那些因为在市场竞争中失败而本应退出市场，却在各种外力的扶持下仍然在市场中存活的企业。

通过比较分析上述定义能够发现，国外学者在判定一个企业属于僵尸企业时需要同时满足两个条件：一是企业身陷经营困境，无法盈利且处于严重亏损的状态；二是企业虽然面临倒闭危机，但依然能够持续获得银行信贷救助。有国外学者提出在定义僵尸企业的内涵时还需要考虑企业陷入财务困境的内外因，不能一概而论。Chakraborty 和 Peek（2012）就提出，企业因自身发展战略失败、技术水平落后等陷入长期的困境是一个企业被认定为僵尸企业的必要条件，如果因为受到外部不利冲击的影响而暂时性地陷入困境就不应当被认定为是僵尸企业。此外，国外学者格外强调僵尸企业的出现是由于"僵尸信贷"的存在，他们认为，研究僵尸企业首先要研究"僵尸信贷"这种滋生僵尸企业的土壤。Hirata（2010）认为，只要是银行提供给那些无法盈利、面临破产的企业的援助性质的信贷就都属于"僵尸信贷"。Watanabe（2011）则指出"僵尸信贷"的本质是银行提供的信贷资金使本来已经债台高筑的企业仍能继续"借新债还旧债"延续生命的不当行为。

我国对僵尸企业问题的研究开展相对较晚而且并未对僵尸企业的定义产生一致认同的标准，学者对僵尸企业的内涵都有着自己的认识和看法。朱舜楠和陈琛（2016）对僵尸企业的界定倾向于对其特点的描述：失去竞争力和盈利能力、低效占用资源、完全依靠政府"输血"和银行贷款生存、持续亏损三年以上且不符合结构性调整方向的企业。熊兵（2016）则认为僵尸企业实质上是一种投入大效率低、占用政府及银行资源却不产生经济效益的以负债为生的企业。

不难发现，国内外学者在定义僵尸企业时表述侧重点虽然差异很大，但共同点是都强调这些企业自身无盈利能力，依靠外来资金的支持在市场中存活。关于支持僵尸企业的资金来源，差异之处在于国外文献多强调银行信贷的作用，而我国更强调政府补贴的影响。总而言之，僵尸企业并无自生能力，获得的外部资金支持往往不能使其恢复"正常"，反而造成了大量经济资源的浪费，对经济运行产生不利影响。

（二）僵尸企业的识别

从数量庞大的企业中把"僵尸"识别出来并不是一件容易的事，这涉及对僵尸企业特征的深刻认识、能够准确反映这些特征的企业财务指标的构建和运用以及识别偏误的控制和修正。正是基于对僵尸企业内涵的充分认识，学者从企业层面和聚合层面两个角度构造了识别僵尸企业的方法。企业层面识别法是指针对单个企业判断其是否为僵尸企业。Caballero 等（2008）最早从非正常借贷关系的角度提出一种僵尸企业的识别方法，由三位作者名字的首字母组合命名为 CHK 方法。在日本 20 世纪 90 年代初期经济萧条的背景下，银行不得不对严重亏损的企业施以援手。一些丧失盈利能力的企业由于受到银行信贷利息减免从而降低了经营成本，Caballero 等认为，正是银行提供的超低息贷款使这批企业能够在市场上长期存续下去。因此，企业与银行之间是否存在这种非正常的借贷关系就可以作为一个企业是否为僵尸企业的评判标准。

经典 CHK 识别法首先计算在正常情况下的信贷市场中企业能够得到的最优利率，即信贷利率下限。其次结合企业信贷额计算出企业在最优利率下所需支付的利息。最后将这个利息下限与企业实际支付利息相比较，两者之差就是银行提供的信贷补贴。如果信贷补贴为正，说明企业得到了银行的利息减免，与银行间存在非市场化的借贷关系，属于僵尸企业。CHK 方法的优点是所需数据容易获取、识别指标单一，可操作性高（Giannetti and Simonov，2013；Lin et al.，2015）。但与此同时，CHK 方法的简便易行带来的缺点是容易造成误判和遗漏。比如银行可能对一些发展前景好、违约风险低的企业给予特别利率优惠，这就导致 CHK 方法可能将优质企业误判为僵尸企业（Hoshi and Kim，2012）。又比如一些长期亏损的企业在贷款展期或"借新债还旧债"时并没有获得利息减免，这使得 CHK 方法可能存在大量"漏网之鱼"（Fukuda and Nakamura，2011）。

在指出 CHK 方法缺陷的同时，一些学者提出了改进方法。Albertazzi 和 Marchetti（2010）提出，应当在僵尸企业识别程序中考虑更多企业的异质性特征，以更准确地判别企业的生产效率和发展前景。一个关键的突破是 Fukuda 和 Nakamura（2011）在 CHK 方法的基础上添加了"盈利能力标准"和"长青贷款标准"，用以鉴别出那些确实存在问题的企业，减少识别时的误判，因而被称为 FN-CHK 方法。FN-CHK 方法将一个企业判定为僵尸企业是在该企业被 CHK 方法识别为僵尸企业的基础上附加了两个修正条件：一是如果企业的利润总额扣除信贷补贴后为正，则将其变更为非僵尸企业，以防将因资质好风险低而得到信贷补贴的优质企业识别为僵尸企业；二是如果某企业上一年的资产负债率高于 50% 且在当年负债增加则直接将其识别为僵尸企业，以防依靠"借新债还旧债"生存的僵尸企业无法被识别。FN-CHK 方法对日本僵尸企业的识别较为成功，得到了日本经济发展走势的实际验证。Hoshi 和 Kim（2012）的识别思想也继承于 CHK 方法，但他们采用分别反映盈利能力和持续负债程度的两个指标进行僵尸企业的识别，称为 HK 方法。第一个指标是企业利息支出与销售收入之比，第二个指标是到期信贷之中展期部分的占比，只有当两个指标同时达到某个阈值时该企业才会被判定为僵尸企业。HK 方法虽然避免了 CHK 方法需要计算理论上的最优利息的缺点，但其两个指标阈值的取值具有很大的主观性，因此未能推广使用。

Nakamura 和 Fukuda（2013）发现一部分僵尸企业仅在样本时间内出现过一次，即只有某一年被判定为僵尸企业，他们认为这部分僵尸企业样本应该被剔除。针对这一问题，聂辉华等（2016）提出当一个企业连续两年被 FN-CHK 方法识别为僵尸企业时才断定它是僵尸企业，这个标准在我国也被称为中国人民大学国家发展与战略研究院标准。Imai（2016）也对 FN-CHK 识别法用加总平滑的方式进行了改进，考虑企业在连续多年内的实际盈利能力进行判断，防止僵尸企业因为在某一年的偶然盈利而被排除。但是该方法要求时间跨度较长，会造成样本量的大量损失。我国官方也有对僵尸企业的认定方法：国务院常务会议上将不符合国家能耗、环保、质量、安全等标准，持续亏损3年以上且不符合结构调整方向的企业认定为需要清理的僵尸企业，但该方法较为模糊的定义和软性识别标准并不利于相关部门的判别。此外，一个比较新的研究成果是，王万珺和刘小玄（2018）采用实际利润法和偿债能力法从长期视角入手识别了僵尸企业，并发现相关制度性因素和调控政策而非市场性因素才是僵尸企业得以长期生存的原因。

除了在企业层面这一微观视角的识别之外，从聚合层面如行业层面和地区层面，即中宏观视角进行识别也是必不可少的，这大大拓展了僵尸企业问题的研究。现有文献中聚合层面的识别方法大致分为直接法和间接法两类：直接法是在企业层面的识别之后直接对个体数据加权加总所得，权重因子可以是企业数量、负债规模、固定资产规模等；间接法则是寻求行业或地区僵尸企业密集程度的代理变量，从而做出一个大致的估计与推断。因为市场竞争程度很高的日本贸易商品行业中僵尸企业生存的概率很低，Ahearne 和 Shinada（2005）就以是否属于贸易商品行业来定性判断一个行业中僵尸企业问题的严重程度。此外，Imai（2012）在研究日本因房地产泡沫破裂而产生的僵尸企业时也将"商业用地价格波动幅度"与"房地产业劳动力占比"作为日本各地区僵尸企业份额的代理变量。

尽管已经在该问题上讨论了多年，但是国内外学者对于僵尸企业的识别方法并没有形成统一的观点。其实，僵尸企业识别方法的运用需要与时俱进，因为在不同的经济发展阶段，僵尸企业的产生原因和表现形式可能大不相同。而且，僵尸企业的识别方法在不同国家和地区的应用也应当有所差别，因为各国制度背景差别很大，不能不假思索地照搬使用。比如在我国，相比于银行在信贷利息上的补贴，政府的补贴和扶持更可能是僵尸企业得以存续的本质原因，因此在对我国僵尸企业进行识别时需要考虑政府补贴的因素。

二、僵尸企业的产生原因与不良影响

（一）僵尸企业的产生原因

在僵尸企业问题得到充分的重视之后，探寻僵尸企业的产生原因就成为一件令人感兴趣的事情。在市场经济体制以及相关法律制度都已经比较完善的条件下，还会出现僵尸企业无法及时出清的现象是西方所奉行的新古典经济学理论难以解释的，因此国外学者多将其看作需求不足所伴生的副产品，认为经济萧条期的银行在强资本金约束条件下，出于掩盖坏账损失的目的而向违约企业继续提供低息信贷是僵尸企业形成的主要原因（Peek and Rosengren，2005；Fukuda et al.，2006；Hoshi and Kashyap，2010；Watanabe，2011；Ueda，2012）。

根据《巴塞尔协议》的要求，信贷风险级别越高，则提取违约准备金的比例也越高。计提违约准备金的数额大小直接影响银行是否能够满足《巴塞尔协议》对资本充足率的要求。陷入财务危机的企业难以产生足够的现金流支付本金和利息，银行信贷具有很高的违约风险，导致银行的资本充足率达标受到挑战。此时，银行为了避免这些评级为"次级类"的信贷真正转变为"损失类"，将不得不继续向陷入财务危机的企业发放低价信贷，以保证企业能够偿还上一期的贷款本息。这样，本来被评级为"次级类"的信贷就可以降低风险级别至"关注类"甚至是"正常类"，大大减轻了银行计提违约风险准备金的压力，也能够尽可能地提升资本充足率的数值，这对于商业银行的声誉与经营管理非常重要。因此，商业银行有充分的动机向"僵尸企业"持续"输血"，这成为僵尸企业得以存续的重要原因。Caballero 等（2008）发现在日本的银行业制度下这种不良动机对银行的激励作用很大，大量企业信贷通过这种方式从"风险类"被掩饰为"特别关注类"，但最终还是未能幸免于损失的命运。Wilcox（2008）则发现在美国的银行业制度下由于信息披露制度很完善，银行不良动机下的侥幸行为难以付诸实际，所以美国并未出现严重的僵尸企业问题。Hirata（2010）构建了一个将借贷企业破产清算和继续经营两种情况内生化的动态一般均衡模型，结果显示当银行想要降低自身坏账比例时就必然导致对僵尸企业不断的"信贷给养"。Okamura（2011）和 Lin（2011）都通过实证分析发现银行自身资本充足状况的差异性会造成其掩盖坏账损失的动机强度的差异性：银行自身的资本金充足率越低，其发放"僵尸信贷"的规模就越大，他们均将"僵尸借贷"行为解释为银行出于短期内能够掩盖坏账损失和预期在长期贷款能够被偿还的一种侥幸心理。

当然，银行发放"僵尸信贷"的行为如此普遍的一个重要原因是当时金融监管部门的宽松监管政策。这种情况在宏观经济低迷时尤其可能出现，比如 20 世纪 90 年代的日本。由于资产泡沫的破灭，日本在"失去的十年"里遭遇严重经济萧条，政府在巨大的压力下不得不对银行发放"僵尸信贷"的行为"视而不见"，以避免短期内大量银行的破产和失业率的激增（Hoshi and Kashyap，2011）。Kawai 和 Morgan（2013）发现 20 世纪 90 年代的日本金融监管部门默许甚至纵容银行的"乱放贷"行为，并认为这直接导致了当时日本僵尸企业的数量猛增。Chernobai 和 Yasuda（2013）认为，在日本的主银行制度下，企业与主银行关系密切。虽然企业已经陷入财务危机，但主银行依然可以在宽松的监管条件下与之签订贷款合同，这也导致了"僵尸信贷"的大量涌现。Jaskowski（2015）通过建立一个简单模型说明在"失去的十年"的背景下，银行向高违约风险的企业发放"僵尸信贷"似乎是银行在当时最优的策略。除此之外，也有国外学者将宽松的货币政策作为推动"僵尸借贷"发展的又一个因素。在经济萧条时期日本采取了接近于零利率的货币政策以刺激实体经济复苏，Boeckx 等（2013）指出，政府采用这种宽松的货币政策使得大量亏损企业能够轻松地依靠贷款维持生存，虽然在表面上"救了经济萧条的急"，但实质上伴随着对实体经济巨大的危害。

我国作为一个转型经济体，僵尸企业问题不仅仅是市场因素的作用所致，往往还带有政策因素的影响。国内学者在研究我国僵尸企业的产生原因时，结合中国自身的发展环境背景，归纳出了政府过度干预论、刺激政策余韵论、市场环境萧条论和自身发展问题论四大类原因。

政府过度干预论的提出者认为，地方政府出于各种原因给予当地已经无自生能力的企业财政补贴和政策优惠使其免于退出市场，成为"僵而不死"的僵尸企业。王立国和高越青（2014）提出，地方政府对企业的投入具有"惯性"，如果放任僵尸企业倒闭则前期投入都会成为沉没成本。付晓（2016）发现地方政府存在限制债权人起诉的现象，认为这可能是由于本地企业的破产会影响地方政府政绩和形象。聂辉华等（2016）认为，由于我国以国内生产总值（GDP）作为地方官员的主要绩效考核标准，任期短暂的地方政府官员在晋升压力下存在政企合谋的动机，维持僵尸企业的生存对政企双方都是有好处的。政府通过给予企业各类补贴和政策优惠维持亏损企业的生存，以达到稳定GDP增长、获取财政收入和减轻就业压力的目的；而企业则希望能够"撑过寒冬，迎来重生"。张栋等（2016）针对我国银行业特征的分析表明，我国国有商业银行资产比重高、城市商业银行覆盖范围大，这两个因素均为地方政府干预银行信贷决策提供了条件。大型国有企业由于具有政府的软性担保，经营绩效欠佳也可以享受大量极低利率的信贷。正因为如此，国有企业也成为了僵尸企业问题的重灾区。陈运森和黄健峤（2017）创新性地从政府官员个体对微观企业个体干预的视角出发，认为政府官员会通过"身份认同感"和"熟悉度偏见"产生一种地域偏爱，从而影响当地僵尸企业的资源获取。他们的结论是，僵尸企业之所以能够获得政府和银行源源不断的"输血"，正是由于这些地方企业与地方政府存在政治关联。范子英和王倩（2019）通过财政转移支付数据考察了政府补贴对企业影响作用，发现这种信息不对称下的政府扶持反而增加了企业最终僵尸化的可能性。

刺激政策余韵论源于这样一个事实：为应对国际金融危机带来的经

济下行压力，我国政府于 2008 年年底推行了总量约 4 万亿元的经济刺激政策，其中还包含着一系列的产业政策，对煤炭、冶金、设备制造等重点行业进行了重点投资。这项影响力巨大的逆周期政策在推行 3 年内使我国经济增速得到迅速的提升，而 5 年之后在当时的重点行业中产生了严重的僵尸企业危机。聂辉华等（2016）通过实证考察行业投资与僵尸企业之间的关系，发现 2007~2009 年固定资产增长率越高的行业，在 2007~2013 年间僵尸企业占比的增长速度就越快，因此得出大规模投资导致企业盲目低效扩张规模，使得僵尸企业数目激增的结论。

市场环境萧条论将产生僵尸企业的矛头指向市场需求的不景气。2008 年全球金融危机发生之后，我国主要的贸易伙伴国经济均遭到重创，长时间持续的市场低迷造成外部需求锐减，对我国这样的出口导向型经济造成巨大冲击。聂辉华等（2016）通过商务部的数据分析了金融危机后我国出口额的变动趋势，认为外部需求不足直接导致我国外向型企业的订单锐减、存货激增，进而发生现金流断裂、投资方撤资的一系列反应，使原本运营正常的企业陷入财务危机，大量一蹶不振的企业最终难逃沦为僵尸企业的命运。

自身发展问题论是指僵尸企业之所以成为僵尸企业，本质上源于企业自身发展中存在各种问题，导致其丧失了市场竞争力和盈利能力。申广军（2016）引入了新结构经济学中自生能力的概念，认为违背了自身比较优势的企业可能会逐步丧失在市场中的自生能力，只能依靠政府与银行的救助存活而成为僵尸企业。程虹和胡德状（2016）基于倾向得分匹配法，研究了企业自身异质性因素导致其成为僵尸企业的机制，文章发现产品竞争力弱、技术创新能力低以及企业家精神匮乏的企业成为僵尸企业的概率较高。程虹和谭琳（2017）基于内生增长理论的逻辑，认为企业家的活动配置对一家企业的经营绩效影响显著。他们的研究结果表明，僵尸企业的企业家往往对寻租等非生产性活动的投入远超研发创新等生产性活动的投入，这可能是一家企业沦为僵尸企业的内在原因。蒋灵多和陆毅（2017）同样也从僵尸企业自身发展问题出发，发现最低工资可以迫使企业精简雇员、提高生产率以及减少负债，从而避免沦为僵尸企业。

由此可见，在对僵尸企业产生原因的认识上，国外研究与我国研究的侧重点明显不同：国外重视银行动机因素，我国重视政府干预因素。但是从僵尸企业产生的逻辑链条来看，无论是国外还是我国的僵尸企业问题，银行和政府两者的因素均在其中发挥了作用，只是孰轻孰重的差别。因此，在研究我国的僵尸企业问题时，不仅需要分析银行信贷决策的错误之处，更需要考虑政府干预因素在其中产生的影响，二者缺一不可。

（二）僵尸企业的不良影响

僵尸企业的不良影响是评估处理该问题成本收益的重要依据。僵尸企业占用大量经济资源如资金、土地、机器设备等却不产生正的经济效益，直接拉低了生产要素的使用效率，本身是拖累经济增长与发展的累赘。不仅如此，僵尸企业还会对非僵尸企业产生溢出效应，影响那些正常企业的健康运行。从总体上看，僵尸企业的不良影响可以从微观层面和中宏观层面两个角度大致分为两类[①]。

根据现有研究，僵尸企业在微观层面的不良影响主要表现为对其他正常企业投资规模的抑制、对新的行业进入者的阻碍以及降低行业内企业信息披露质量的"坏榜样"作用。Caballero 等（2008）建立模型说明僵尸企业会对"非僵尸企业"产生不良影响，并在实证中基于1981~2002 年日本上市公司的数据检验了僵尸企业份额与行业中那些正常企业的投资规模的关系，他们发现一个行业中存在的僵尸企业占比越高，则该行业中正常企业的投资规模就越少。Hirata（2010）进一步解释了僵尸企业抑制非僵尸企业投资行为的原因，认为僵尸企业

---

① 在僵尸企业的CHK识别法提出之后，研究僵尸企业不良影响的实证分析文献才开始涌现。

对信贷资源的占用减少了正常企业可获取的信贷资源数量，增加了获取信贷的难度，提高了获取信贷的成本，更多回报率低的项目会被放弃，必然导致正常企业的投资规模受到抑制。Lin 等（2015）的研究也有类似的结论，"僵尸信贷"的大量存在表明银行信贷大量流向僵尸企业，非僵尸企业更有可能受到融资约束，投资规模被僵尸企业"挤出"。不仅如此，僵尸企业的存在还会扰乱市场秩序，将本来具有效率的市场潜在进入者拒之门外。Papava（2010）认为，僵尸企业在市场的存在本身就是一种不正当竞争行为。僵尸企业由于获取了银行的信贷补贴，从而生产经营成本低于其他企业，因此可以制定较低的产品价格通过"价格战"的手段来争夺市场份额，大大压缩了其他企业的利润空间，减少了整个行业的创新机会，是对市场正常竞争秩序的严重破坏。Hoshi 和 Kim（2012）在行业层面的实证分析验证了僵尸企业"排斥"潜在市场进入者的结论。他们基于 2000~2010 年韩国 57 个行业的数据研究发现，一方面，一个行业中僵尸企业的比例越高，则该行业的新企业进入率和全要素生产率的增长率就越低，最终使该行业中僵尸企业和非僵尸企业的生产率差距越来越大。另一方面，僵尸企业会千方百计地美化财务报表、竭力隐藏已经身陷财务困境的事实，从而大大降低了公司信息披露的真实性和可信度。Lin（2011）通过日本企业获取银行贷款后的反应构造准自然实验，研究发现僵尸企业比正常盈利的企业具有更多的盈余操纵行为，导致更多信息披露不透明现象的产生。此外，僵尸企业的盈余操纵行为由于有利可图，从而驱使行业中正常企业纷纷效仿，降低了整个行业财务信息的不透明程度。

在中宏观层面，国外现有研究主要讨论了僵尸企业对劳动力就业、行业生产率和经济增长率的影响，我国的研究相对较少。从表面上看，僵尸企业的存续似乎维持了相当大部分的就业岗位，保证了就业的稳定，但实际上僵尸企业的比例与劳动力就业之间的关系非常复杂。维持僵尸企业的生存虽然可以避免那些因破产倒闭而造成的短期内的"显性"失业，但与此同时对正常企业的影响以及对行业潜在进入者的阻碍可能造成长期中的更多的"隐性"失业。Caballero 等（2008）通过实证验证了他们提出的假说——僵尸企业数量越多的行业其劳动力就业增长率就越低，说明僵尸企业实际上阻碍了新的工作岗位的创造。Hoshi 和 Kim（2012）的研究更加明确地指出：僵尸企业抑制就业岗位创造的作用机制是僵尸企业"排斥"了潜在的市场进入者。他们的实证分析表明僵尸企业的占比与劳动力就业岗位的创造呈显著负相关关系，但与现有就业岗位保有的关系并不显著。由此可见，迫于稳定就业压力而维持僵尸企业生存的做法有待重新审视，因为僵尸企业对"新"的劳动力就业的排斥作用可能大于对"旧"的劳动力岗位的保有作用。

僵尸企业对行业生产率的影响也是国外文献研究较多的领域，甚至有学者将日本在 20 世纪 90 年代的生产率下降直接归咎于僵尸企业的大面积泛滥（Okada，2005；Fukao，2013）。僵尸企业对行业生产率的影响主要来源于两条路径或者说两种效应：一是平均效应，即僵尸企业本身生产率往往在行业平均水平以下，僵尸企业数量的增多拉低了行业整体的生产效率水平（Okamura，2011）。二是溢出效应，即僵尸企业对正常企业产生影响，降低了它们的生产率水平，从而整个行业的生产率水平也降低了。Ahearne 和 Shinada（2005）最先发现僵尸企业会蚕食非僵尸企业的市场份额，导致非僵尸企业并不能将生产率优势发挥出来，最终结果就是僵尸企业问题严重的行业整体生产率就十分低下。Caballero 等（2008）基于 1981~2002 年日本上市公司的数据发现，行业中僵尸企业与非僵尸企业之间全要素生产率的差距随僵尸企业所占比例的提高而显著增大，僵尸企业所占比例越高，其"集聚性"对非僵尸企业的影响越大。Papava（2010）、Hoshi 和 Kashyap（2011）都指出僵尸企业对市场正常的竞争秩序产生了严重干扰，可能使一些生产效率较高的企业无法进入市场，久而久之行业的整体生产率水平就会越来越低。Kwon 等（2015）的研究表明，非僵尸企业的生产活动比僵尸企业更容易受到经济周期的影响。在经济萧条时期，僵尸企业的产量下降幅度小于非僵尸企业，这就造成了生产要素如资本、劳动力等趋向于低效率的配置，这种生产要素配置的扭曲严重阻碍了经济复苏时期行业整体生产率的提升。我国学者则进一步检验了僵尸企业对行业就业率的不利影响（乔小乐等，2019），并且证实僵尸企业的存在不利于产业发展（肖兴志和黄振国，2019）。

其中也有学者就僵尸企业对地区经济增长率的影响进行研究。日本在2000年发生了大批邮政储蓄凭证到期致使邮储系统大量资金外流的事件，成为一个较好的研究僵尸企业对经济增长率影响的自然实验案例。Imai（2012）在对该事件的研究中发现，僵尸企业问题严重的县的经济增长所受邮储资金的支持作用显著小于僵尸企业问题不严重的县，其中的原因是僵尸企业问题严重的地区资金较多由各种渠道配置到僵尸企业中，未能有效发挥促进经济增长的作用。此外，Urionabarrenetxea等（2018）综合僵尸企业危害的损失性、传染性、可恢复性以及紧迫性四个方面运用主成分分析法建立了一种僵尸企业危害指数，并发现那些缺乏监管的大型企业在沦为僵尸企业之后对经济的危害性最强。

我国研究僵尸企业影响方面的文献起始于定性分析，认为僵尸企业降低了资源利用效率，加剧了产能过剩，阻碍了国企改革的深入推进等。较详细的定量分析来自谭语嫣等（2017），他们指出僵尸企业通过获取信贷补贴和政府补贴以极低的成本占有社会大量的稀缺资源，既不能产生经济效益，又不能实现技术创新。僵尸企业对信贷资源的挤占必然伴随着其他企业可获资源的减少，导致更多企业在生产活动中面临融资约束，这种资源错配对非僵尸企业的投资具有明显的挤出效应，是导致我国近年来民间投资疲软的主要原因之一。与之相对应地，李旭超等（2018）发现，僵尸企业的存在使地方政府在财政压力下不得不给予正常企业更高的税收负担，形成了"奖劣罚优"和"鞭打快牛"的税负结构性扭曲后果。

随后一批关于僵尸企业溢出效应的文章开始涌现，蒋灵多等（2018）

的研究表明外资放松管制政策促进了一部分僵尸企业的复苏，并有效降低了僵尸企业由于侵占资源带来的一系列危害。王守坤（2018）首先根据空间计量模型检验，得出僵尸企业的工业污染排放强度更高而且对污染治理排斥能力更强的结论。王永钦等（2018）的研究表明，僵尸企业通过资源侵占减少了正常企业可用于研发的资金，从而对正常企业的创新能力形成抑制作用，该作用对于资源约束紧的行业表现得更为明显。戴泽伟和潘松剑（2018）发现，不仅僵尸企业自身降低信息透明度套取好处，而且也给地区内其他正常企业起到"带头示范"作用，引发盈余操纵行为的盛行。肖兴志等（2019）发现，僵尸企业存续对就业机会创造的负面作用是通过抑制正常企业规模的扩张以及劳动力岗位固化效应产生的。刘莉亚等（2019）针对僵尸企业杠杆率居高不下的现象分析得出僵尸企业获取低息贷款的行为实际上是将资金成本转嫁给正常企业，提升了正常企业的融资成本。相似地，金祥荣等（2019）则指出，僵尸企业纳税能力不足，从而将税收负担间接转嫁到正常企业上，增加了正常企业的逃税动机。僵尸企业的种种负面溢出效应必然引起正常企业的冒进行为，而王凤荣等（2019）发现僵尸企业迫使正常企业提高自身的风险承担水平，给宏观经济的稳定性造成不利影响。

通过对国内外现有文献的梳理，可以清楚地了解到僵尸企业对经济增长与发展的危害巨大。早在党的十八大之后，解决僵尸企业问题就已经成为完成供给侧结构性改革之路上至关重要的一个环节。僵尸企业问题需要从供给问题的角度去重新审视，因此僵尸企业对于供给需求结构匹配的影响以及对于新旧供给转化的影响仍然需要进一步深入探讨。

三、僵尸企业的处置方式

国外文献中很少涉及僵尸企业处置方式的讨论，国外学者也多主张让企业通过市场机制的优胜劣汰，来最终实现周期性僵尸企业问题的淡化。在我国企业的市场退出机制并不十分完善的背景下，如果完全依靠《中华人民共和国企业破产法》强行将市场上的僵尸企业"一刀切"全部破产是不合理的，这样做既会带来失业率的骤增，又会造成资源利用巨大的浪费。因此，我国学者建议根据僵尸企业的实际情况进行分类处置，整体状况较好的僵尸企业进行兼并重组，已经不具有偿债能力的僵尸企业则进行破产清算。兼并重组是一种可以整合并购方与被并购方资源的僵尸企业处置方式。对于并购主体而言，可以凭借较低成本获取僵尸企业的资源或技术。对于僵尸企业而言，则减轻了经营负担，可能重新焕发活力。胡文锋（2016）将僵尸企业的兼并重组分为四种方式：承担债务式、出资购买式、控股式和授权经营式，并提出僵尸企业在兼并重组中的困难一方面在于自身资产价值低下，另一方面在于管理模式难以与兼并主体相容。

根据僵尸企业的处置过程是否需要政府干预可分为两类观点：有学者主张减少或消除干预，通过市场机制的作用使僵尸企业自行消亡（邓洲，2016；蒋灵多和陆毅，2017）；也有学者指出，在市场体制机制尚未成熟的情况下，清理僵尸企业仍然需要政府的恰当介入（张栋等，2016；黄婷和郭克莎，2019；宋建波等，2019）。另外，作为僵尸企业合理高效退市的保障，相关法律法规体系尚待完善（熊兵，2016；赵树文和王嘉伟，2017；蒋瑜洁和蔡达贤，2017；尹嘉啉和邹国庆，2017；张亮等，2018）。

具体而言，谭语嫣等（2017）指出，对于短期内发生经营困难的企业可以采取市场化的兼并重组方式使它们摆脱困境，而对于那些连年亏损且不符合结构调整方向的企业则必须尽快进行破产清算，必要时需要政府出手予以强制退出。黄少卿和陈彦（2017）将负债作为区分僵尸企业处置方式的判别标准，通过资产负债率指标将僵尸企业划分为应破产类和应重组类两种类型。具体而言，他们将资产负债率大于100%或资产负债率位居行业前30%的僵尸企业定位于应破产企业，而鼓励其余的僵尸企业进行管理层改组和资产重组以提高生产经营效率。对于陷入财务困境但在技术上仍具有竞争力的僵尸企业，不少学者主张采取一些措施促进其自身恢复，例如，精简雇员和固定资产（Fukuda and Nakamura，2011；Goto and Wilbur，2018）、改造提升竞争力（黄群慧，2016）、引进外资竞争提升活力（蒋灵多等，2018）、对外直接投资增加盈利（诸竹君等，2018）。

综上所述，国外学者较少探讨僵尸企业的具体处置方式，认为僵尸企业随着时间的流逝自然会被市场竞争机制所淘汰清除。我国的企业市场退出机制并不完善，绝大多数企业并不是向法院申请进入破产程序，而是通过工商部门注销经营执照。大型僵尸企业实施破产程序的成本非常高，致使这些企业难以自行退出市场。最重要的是，我国僵尸企业的形成原因和政府的过度干预有关，因此，我国学者多认为在解决我国僵尸企业问题时，需要借助政府的力量对僵尸企业进行兼并重组或者实施破产。

四、重新审视僵尸企业问题：文献评述

国内外对僵尸企业问题的研究已经取得了不少成果。这些研究不仅为我国僵尸企业的识别提供了可以借鉴的方法与途径，而且为深入认识僵尸企业的产生原因和不良影响奠定了基础。作为供给侧"去产能"的关键之一，妥善解决僵尸企业问题对于我国实体经济的高质量发展不仅必要而且紧迫。然而，由于以往被高速的经济增长所掩盖，直至近年僵尸企业问题才在供需结构严重错配的宏观经济形势下被重新重视起来。目前我国关于僵尸企业问题的研究仍然集中于僵尸企业危害性的实证分析，还存在一些需要深入研究的地方，尚需从供给侧结构性改革的视角重新审视僵尸企业问题。

第一，现有研究往往孤立地去研究僵尸企业问题，而没有把僵尸企业问题置于供给侧结构性改革的背景之下，更没有从供给的角度指出僵尸企业问题与供给侧结构性改革的内在联系。事实上，僵尸企业

问题本质是供给的问题，是如何淘汰旧供给并转型升级为新供给的问题，也是如何减少无效供给并增加有效供给的问题。因此，有必要从供给侧视角来分析我国制造业僵尸企业的形成机理，为化解供给侧的矛盾奠定新的理论基础。

第二，虽然已有一些文献对我国僵尸企业的现状进行了研究，但这些研究的对象包括所有行业或者所有的工业行业，缺乏针对制造业行业的深入考察。我国制造业的地区分布差异很大，行业间技术水平各不相同，而不同的所有制也会对僵尸企业的形成产生不同的影响，这些都并未在现有研究中体现出来。制造业作为我国实体经济的支柱，实体经济的供给问题就主要是制造业的供给问题，因此针对制造业僵尸企业问题的深入研究对于当下振兴我国实体经济具有很强的现实意义。

第三，关于我国僵尸企业的识别方法，国内并未形成统一的观点。继 Caballero 等（2008）提出 CHK 识别法后，Fukuda 和 Nakamura（2011）对其进行了改进，最终形成的 FN-CHK 识别法得到了学界的广泛认可，也多被我国学者直接使用。然而，由于各国和各地区制度背景差别很大，不假思索地照搬使用可能会带来识别上的遗漏偏误。比如在我国，相比于银行在信贷利息上的补贴，政府的补贴和扶持更可能是僵尸企业得以存续的本质原因[①]，这一点在我国的国有制造业企业中表现得尤为突出。因此，在对我国制造业僵尸企业进行识别时需要加入政府补贴的因素对现有识别法进行修正，使之更适用于我国的国情。

第四，针对我国国情研究僵尸企业危害性的实证分析文献多数遵循新古典经济学分析范式，结合制度背景的政治经济学分析不足。僵尸企业供给质量低下，造成无效供给过剩的同时还抑制有效供给产生，加剧了供给与需求结构不匹配，而这一系列对正常企业的外溢影响需

---

① 事实上，这两种对僵尸企业的补贴往往是并存的。

要通过制造业企业大样本数据实证检验。更重要的是，制造业供给侧结构性改革存在两个可能的推进路线：一是发挥市场作用，不断完善市场经济体制，减少和消除市场机制发挥作用的障碍，通过市场机制逐步化解供需结构矛盾；二是发挥政府作用，直接采用行政手段强力清退僵尸企业，对经济结构进行调整。究竟哪一条路线更有利于我国制造业僵尸企业问题的解决也有待于进一步的研究和检验。

本章小结

本章的主要内容包括制造业僵尸企业问题的理论基础与国内外文献综述两部分，为本书后续部分提供了理论支撑与研究方向。

在理论基础部分，一方面，本章运用马克思主义政治经济学的经济理论对僵尸企业问题进行本质层次的分析。根据马克思资本循环理论、再生产理论和生产过剩理论，本章将僵尸企业抽象为必须借助外力才能进行下去的资本循环过程，这种产业资本循环障碍在生产过剩的行业中较为常见。另一方面，本章在西方经济学理论框架下引入企业自生能力的概念以及软预算约束的条件，说明了僵尸企业是软预算约束下的无自生能力企业。基于以上理论从不同角度的分析，为围绕僵尸企业的本质展开识别、危害、成因等研究奠定基础。

在文献综述部分，对现有研究的梳理不仅为我国僵尸企业的识别提供了可以借鉴的方法与途径，而且为深入认识我国制造业僵尸企业的产生原因和不良影响提供了启示。在吸纳与继承现有研究成果的基础上，本章总结了现有研究的未尽之处并提出本书将针对我国制造业的现状与困局进一步研究的问题。

第三章

我国制造业僵尸企业现状与危害

制造业作为我国实体经济的支柱和实物产品的重要供给主体,其健康状况在很大程度上决定了供给侧整体的供给质量与宏观经济整体的运行效率。僵尸企业自身不具有盈利能力,却依靠来自银行和政府的外部资金支持而在市场中存续,占用大量生产资源的同时却不产生正的经济效益。僵尸企业对各类生产资源的占用意味着正常企业可以获取的资源相对减少,同时获取的难度相对提高。因此,制造业中僵尸企业的比例越高,意味着资源配置的扭曲越严重,不仅僵尸企业本身作为低端无效供给拉低了行业整体的供给质量,而且其对现有资源和市场的侵占更阻碍了高端有效供给的新生。为了更好地揭示我国制造业僵尸企业问题的现状,本章首先对国际流行的僵尸企业识别法进行适用性上的修正,其次按地区、技术行业和所有制分类详细阐述我国制造业僵尸企业的分布现实情况,最后从供给侧视角对制造业僵尸企业的危害加以剖析。

第一节 我国制造业僵尸企业的识别方法

一、国际僵尸企业识别法的发展演进

僵尸企业问题最早发端于对银行信贷错配问题的研究。在总结和

反思导致日本 20 世纪 90 年代经济停滞的影响因素的过程中，越来越多的学者注意到，当时普遍存在的银行信贷错配在其中所起的负面作用。银行业的风险监管标准《巴塞尔资本协议》（Basel Accord）规定，商业银行在总资产中必须保有一定比例的核心资本，以冲抵发生实际损失的贷款，随时保持对银行负债的较高清偿能力，以抵御商业银行在经营管理过程中面临的各种风险。但是在经济萧条期的日本，很多企业在激烈的市场竞争中丧失了盈利能力，要求这些经营状况每况愈下的企业支付高额的利息意味着逼迫它们破产，已经发生的信贷必然不可能偿还。这时《巴塞尔资本协议》的监管作用反而导致商业银行不得不对一些偿付能力出现问题的大企业降低还款条件，寄希望于它们能够自行复苏或得到政府的救助，至少避免当下的群体性破产使巨额企业信贷集中变为损失级别，从而无法满足最低资本要求。银行所提供的低息贷款大大降低了企业的生产成本，确实使很多企业在市场上得以存活下来，于是这些失去银行的帮助就没有盈利能力的企业被形象地称为"僵尸企业"。

基于以上事实，Caballero 等（2008）以是否获得银行的信贷补贴为标准，提出一种僵尸企业的识别方法，由三位作者 Caballero、Hoshi 和 Kashyap 的名字的首字母组合命名，下文简称为 CHK 方法。根据 20 世纪 90 年代日本宏观经济萧条的环境背景，他们认为商业银行出于一种短期内避免贷款集中损失的侥幸动机，向大量盈利能力低下或不具有盈利能力的企业提供超低息贷款，从而使这些本应该被市场竞争所淘汰的企业由于外部给予的低成本竞争优势而存活下来。这种信贷资源配置扭曲会导致企业在实际支付的信贷利率与在正常市场交易条件下能够获得的最优贷款利率之间产生一个利率差。如果实际支付的信贷利率还低于正常市场条件下能够获得的最优贷款利率，即利率差为负，说明该企业与银行存在非市场化的借贷关系，很可能是依靠银行提供的外部"支持"才能够在市场中存活的"僵尸企业"。CHK 识别方法分为三个步骤：

首先，需要根据企业 i 于 t 年在正常的市场化条件下能够获得的最优贷款利率和企业的负债情况计算出企业理论上的最小应支付利息：

$$R_{i,\,t}^{*} = rs_{t-1} \times BS_{i,\,t-1} + \left(\frac{1}{5}\sum_{j=1}^{5} rl_{t-j}\right) \times BL_{i,\,t-1} + rcb_t \times Bonds_{i,\,t-1}$$

（3-1）

其中，BS 和 BL 分别表示期限为 1 年以内的短期银行贷款和期限为 1 年以上的长期银行贷款；Bonds 表示公司发行的债券总额；rs、rl 和 rcb 分别表示平均短期最优利率、平均长期最优利率以及最低债券利率。

其次，从企业财务报表中获取企业 i 在 t 年实际支付的贷款利息。

最后，将实际支付利息与理论最小应支付利息之差标准化以计算利率差：

$$Gap_{i,\,t} = \frac{R_{i,\,t} - R_{i,\,t}^{*}}{B_{i,\,t-1}} = r_{i,\,t} - r_{i,\,t}^{*}$$

（3-2）

其中，B 表示企业的短期银行贷款、长期银行贷款与公司发行债券数额之和。如果计算所得利率差为负，说明企业与银行间存在非市场化的借贷关系，CHK 识别法将企业 i 在 t 年识别为僵尸企业。

CHK 方法充分利用了在市场经济环境中僵尸企业普遍存在与银行的非市场化信贷关系这个突出的特征，计算相对简便，在企业财务信息的可获取性和利用率上都具有一定的优势。但是正如 Caballero 等（2008）所指出的，这种方法并不完美，CHK 识别法在识别程序上存在出现两种错误的可能。第一类错误是识别不足错误，即在识别过程中漏掉了本应被识别出来的僵尸企业，将其识别为正常企业。第二类错误是过度识别错误，即在识别过程中将正常的企业错误地识别为僵尸企业。针对出现以上两种错误的可能性，CHK 识别程序并没有给出一个很好的解决方法，通过设定不同的利息差作为僵尸企业识别标准的做法，本质上是减少一类错误发生的概率的同时增加了另一类错误发生的概率，因此 CHK 识别方法还有待进一步完善。

Fukuda 和 Nakamura（2011）发现了 CHK 方法出现两类识别错误的

本质原因,并在 CHK 方法的基础上添加了"盈利能力标准"(Profitability Criterion)和"持续贷款标准"(Evergreen Lending Criterion),有效地提高了识别准确性,下文简称该方法为 FN-CHK 识别法。一方面,在 CHK 方法识别出的僵尸企业中,有一些企业是经营状况非常好的企业,甚至远高于一般水平,但是却被错误地识别为僵尸企业。这类企业被识别为僵尸企业是源于经营质量好的企业在某种情况下也可能得到低于市场最优利率的信贷,例如,2000 年左右日本量化宽松政策盛行的时期内,某些增长势头迅猛的企业就获得了这一优待。另一方面,CHK 方法存在识别不足问题,即有些陷入经营困境的企业是通过"借新债还旧债"在市场上存续的,只要"新债"的利率没有低于市场最优利率,CHK 方法就不能将这些企业识别出来。这种持续贷款的企业资产负债率本来已经很高,仍然努力继续从银行借贷维持生存,但是银行往往不对这种持续信贷给予任何优惠条件,依然按照正常乃至更苛刻的市场利率条件实行借贷,不可避免地导致了以非正常市场信贷关系为识别核心条件的 CHK 识别法的失效。

针对上述两类错误,FN-CHK 识别法在 CHK 方法的基础上添加了"盈利能力标准"和"持续贷款标准",用以鉴别出那些确实存在问题的企业,减少识别时的误判。具体而言,FN-CHK 方法在 CHK 方法识别程序的基础上附加了两个修正条件。第一个修正条件是:对于一家被 CHK 方法识别出的僵尸企业,如果该企业的息税前利润大于在最优市场利率条件下企业应支付的利息总额,则将其变更为非僵尸企业。这是由于息税前利润大于在最优市场利率条件下应支付的利息总额,意味着企业自身在不借助外力的条件下具有偿债付息能力,也即表明企业具有在市场上获取可接受的利润的经营能力,已经不符合僵尸企业的定义,因此需要将这类企业重新判定为非僵尸企业。因为该修正条件以企业盈利能力为识别核心,将能够在市场上获取可接受利润的企业剔除出僵尸企业的范围,减少了过度识别错误,所以称为"盈利能力标准"。第二个修正条件是:对于一家未被 CHK 方法识别为僵尸企业的正常企业，如果该企业的息税前利润小于在最优市场利率条件下企业应支付的利息总额，而且该企业还满足上一年的资产负债率高于50%且在当年继续增加负债的条件，则将其变更判定为僵尸企业。这是由于息税前利润小于在最优市场利率条件下企业应支付的利息总额，说明该企业在市场上不具有获得"可接受"利润的能力，此条件首先决定了该企业属于无自生能力企业，没有足够的盈利能力就无法不借助外部力量在竞争性的市场上存活。其次，如果该企业在资产负债率已经很高的情况下仍然继续增加负债，说明该企业获取信贷资源的重要性已经超越了控制财务风险的重要性，该企业很可能是依靠持续借贷来维持生存的。这两点使该企业特征符合僵尸企业的定义，因此需要将这类企业重新判定为僵尸企业。该修正条件以持续增加的高杠杆率为识别核心，将自身缺乏盈利能力却依靠持续信贷生存的企业补充进僵尸企业的范围，减少了识别不足错误，所以称为"持续贷款标准"。综上所述，FN-CHK 识别法将同时满足以下两个条件的企业 i 在 t 期识别为僵尸企业：第一，企业 i 在 t 期息税前利润小于最低应付利息。第二，企业 i 在 t 期利率差小于 0 或者该企业在 t−1 期资产负债率大于 50% 的情况下在 t 期继续增加负债。

　　经过比较可以发现，FN-CHK 识别法继承了 CHK 识别法识别程序简单易操作的优点，在经过盈利能力标准和持续贷款标准的修正之后，能够有效地降低在识别过程中出现过度识别错误和识别不足错误的可能性，成为国际主流且广泛使用的僵尸企业识别方法。此外，FN-CHK 识别法同 CHK 识别法一样，主要采用企业当期的财务信息对企业性质进行识别，具有识别观察期短的特点。这种识别特性的优点是可以迅速捕捉到由一家正常企业到僵尸企业的"变异"情况，在进行经济整体的僵尸企业问题分析时几乎不存在滞后期，可以立即观察到僵尸企业对其他变量的影响作用。然而，其缺点是可能会将大量仅仅因为受到短期冲击而财务状况表现不佳的企业在当期识别为僵尸企业，存在"过度紧张"之嫌。因此，仅利用当期信息的 FN-CHK 识别法能够广泛应用于僵尸企业问题造成不良影响的经验分析，以迅速和充分地捕捉僵尸企业对资源配置的扭曲作用。但 FN-CHK 识别法在僵尸企业比例的评估上却存在高估的倾向，适合作为宏观经济中僵尸企业比例的一个上限参照或者有待进一步加强识别条件。

FN-CHK 识别法的提出者 Nakamura 和 Fukuda（2013），在分析日本上市公司僵尸企业比例与银行不良贷款比例的年度变化趋势时发现，2008 年银行不良贷款率并没有发生像僵尸企业比例那样的急剧飙升，因此他们断定 2008 年出现大量僵尸企业的原因主要是短期需求冲击的作用。经过更加细致地检验，他们发现确实存在大量企业仅仅在 2008 年当年被识别为僵尸企业，即成为所谓的"一次性"（One Shot）僵尸企业，而在样本期内的其他年份这种"一次性"僵尸企业也都出现过，而他们的选择是将"一次性"僵尸企业从样本中剔除。后来针对这一问题，国际国内都有不少学者提出自己的改进方式，例如，Imai（2016）对 FN-CHK 识别法用多年期利润加总平滑的方式进行了改进，考察企业在连续多年内的实际盈利能力。但是该方法要求时间跨度较长，会造成样本量的大量损失，对微观企业样本的质量是一个巨大的考验。聂辉华等（2016）则提出，当一个企业连续两年被 FN-CHK 方法识别为僵尸企业时才断定它是僵尸企业，明显提高了僵尸企业的判定"门槛"。这些标准都是加强了僵尸企业识别的判定条件，使被识别的企业更加符合僵尸企业的特征，因此在僵尸企业比例估计中拥有很高的实用价值。

二、国际僵尸企业识别法在我国的适用性

FN-CHK 识别法由于具有识别程序客观、简单、易操作等优点，成为国际主流且广泛使用的僵尸企业识别方法。该方法的本质是识别出导致一家无盈利能力的企业成为僵尸企业的"软预算约束"状态。由于该方法诞生于发达国家相对成熟的市场经济背景中，因此商业银

行是给僵尸企业"输血"的主体，信贷补贴和持续信贷是维持僵尸企业在市场上存续的主要"养料"资源，即导致这些企业存在软预算约束的本质原因。然而，从我国现实来看，导致企业处于预算软约束状态的主要原因还包括政府干预，甚至在银行对僵尸企业的支持背后往往也可见政府干预的影子。因此，基于识别软预算约束状态的FN-CHK识别法在我国的应用，必须考虑政府干预的因素并予以修正，否则就可能存在识别不足的问题。

在我国，地方政府会出于种种动机对企业进行一定程度的干预，其中鼓励性干预的最直接表现就是给予企业一定的财政补贴，这是造成企业软预算约束的主要原因之一。如图3-1所示，1998~2007年是我国选择性产业政策实施力度较大的十年，而获政府补贴的企业数量占比基本上都在10%以上浮动，可见政府补贴覆盖制造业行业之广、受益者之众。1998~2004年，我国制造业获政府直接补贴的企业数量占比逐年上升，从1998年的9.53%上升至2004年的14.70%，这可能与这段时间内政府重视产业结构调整、产业政策实施力度逐渐加强有关。2005年，政策部门颁布了《产业结构调整指导目录》，规范了鼓励类产业的补贴标准，更大大减少了限制类和淘汰类产业的补贴发放，此后我国制造业获政府补贴的企业数量占比平稳回落，体现了我国政府调整产业结构和治理产能过剩的相关举措。尽管如此，地方政府对当地企业的"特殊关照"依然广泛存在。

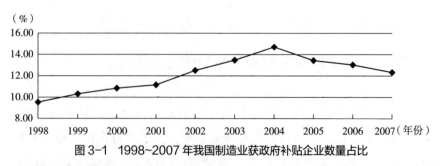

图3-1　1998~2007年我国制造业获政府补贴企业数量占比

资料来源：中国工业企业数据库，笔者计算整理。

我国制造业企业广泛取得政府补贴是具有深层次原因的。

首先，承担着政策性负担的低效率的国有企业必然要求财政补贴（江小涓，1995）。国有企业承担的政策性负担包括战略性负担和社会性负担两类，这就决定了国有企业难以成为独立的市场主体。我国的国有企业以前是作为国家战略的承担者而发展起来的，主要集中在资本密集的重工业行业，承担着战略性负担。这类行业以钢铁冶金和机械制造为代表，具有资金需求量大、建设周期长、转型升级困难的特点。尤其是在我国长期以来的粗放式增长模式下主要依靠增加投资进行发展，因此产品科技含量不足，在国际市场上难以与高端产品竞争，往往需要财政补贴才能维持发展。另外，由于过去优先发展的重化工业中资金要素远较劳动要素密集，因此吸纳城市劳动力就业能力不足，这些国有企业就不得不承担起吸纳冗员和保障社会就业的社会责任。具有社会性责任的国有企业生产经营效率必然低下，出于这个原因也会向国家要求补贴。

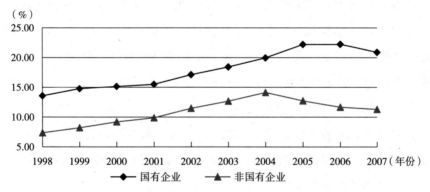

图 3-2　1998~2007 年我国制造业分所有制获政府补贴企业数量占比

资料来源：中国工业企业数据库，笔者计算整理。

如图 3-2 所示，从数量上看，我国制造业获得补贴的非国有企业占比平均达到 10% 以上，而国有企业更是达到了 15% 以上。从趋势上来看，我国制造业国有企业和非国有企业中获政府补贴企业数量占比都经历了一个先逐年上扬后逐渐回落趋稳的趋势，但是可以看到，每一年受到补贴的国有企业比例都高于非国有企业，这是由于国有企业相比非国有企业而言，承担着更多的政策性负担，必然需要政府给予更多的补贴。自 2005 年开始，虽然两种所有制企业的受补贴者占比都有所下降，但国有企业与非国有企业之间获政府补贴企业数量占比之间的差距相较从前有所扩大。这说明国家在治理行业产能过剩之时，对财政补贴向非国有企业的发放设立了更加严格的标准，在一定程度上也遏制了各类寻租行为的发生。

其次，地方政府官员在"晋升锦标赛"的压力下或者是出于个人利益考虑会向具有政治关联的企业提供政府补贴（陈冬华，2003；余明桂等，2010）。受地方官员偏爱的往往是一些大型企业，这些企业由于生产体量大，能够给当地政府提供高额税收来源和大量就业岗位，是当地经济的支柱，也相对容易获取财政补贴的支持。此外，作为支撑地方经济增长的重要微观主体，与政府建立政治关联的众多民营企业也明显提升了其获取政府补贴的机会。

最后，我国多年来广泛存在强选择性产业政策。产业政策是国家为了调整产业结构而制定的一系列扶持或限制某些行业发展的政策措施，选择性越强的产业政策则对微观市场主体的干预程度越深。从 20 世纪 80 年代末我国开始推行产业政策到 21 世纪初我国开始强化产业政策的运用，产业政策的覆盖对象由最初的部分行业到几乎全行业覆盖，对企业的影响作用也逐渐加强（江飞涛和李晓萍，2010）。我国的产业政策每年都会给列入重点发展目录的行业提供大量的财政补贴，以扶持实体经济的发展。

从图 3-3 中可以看到，受选择性产业政策的影响，我国技术密集度[①]不同的制造业产业获政府补贴企业数量占比差异性很大。高技术产业包括信息技术产业、新材料产业、高端装备制造业等国家重点鼓励和支持的产业，所以在三类产业中获得了最多的发展补贴支持。中技术产业主要是传统的重化工产业，也是产能过剩的"重灾区"。虽然经

---

① 参考经济合作与发展组织（OECD）于 2009 年提出的国际通用标准划分。

过多年的发展其生产技术已经相对成熟，但由于生产过程高污染、高耗能，所以也面临逐步被淘汰和取代的严峻形势。此外，重化工业还具有资本密集度高的特点，所以转型升级十分困难，我国历年对这类行业的技术升级和改造都投入了大量财力物力。对于低技术产业，政府补贴相对较少，往往是出于出口导向型政策而对相关企业给予一定的鼓励出口的补贴。尽管如此，得到政府补贴的低技术企业数量占比平均也在10%以上。

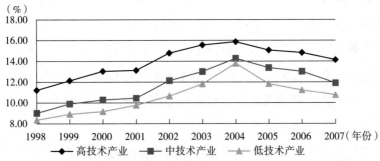

图 3-3　1998~2007 年我国制造业分高中低技术获政府补贴企业数量占比

资料来源：中国工业企业数据库，笔者计算整理。

基于以上事实可以发现，我国制造业每年都有很多企业取得政府补贴，但是政府补贴的使用却并不能保证一定是高效的，反而可能有很大一部分都流向了资不抵债的本应被市场淘汰的落后企业。例如，很多国有企业是因为承担了政策性负担才能够获得财政补贴，它们不仅要缓解城市人口的就业压力，而且要在某些行业作为改善市场失灵的中坚力量。在很多竞争性领域，这些国有企业的经营状况必然存在不尽如人意之处，然而凭借其"大而不能倒"的地位，国有企业可以向国家索要巨额的补贴以弥补其亏损。此外，企业也可以通过补贴这笔营业外收入"美化"自身的资产负债表，掩盖真实的盈利能力，并取得不正当的低成本市场竞争优势。总之，政府补贴有可能造成企业预算约束的软化，从而使获得补贴的企业主体不再受到市场竞争"自生自灭"法则的约束，为僵尸企业的形成提供了必要条件。

僵尸企业识别法在我国制度背景下的应用需要借鉴官方识别法的特性和优点。在国务院常务会议上，将不符合国家能耗、环保、质量、安全等标准，持续亏损3年以上且不符合结构调整方向的企业认定为需要清理的僵尸企业。该方法的特别之处在于区分了"需要清理"和"不需要清理"的僵尸企业，但显然"符合国家的一系列标准"和"符合结构调整方向"的判别主观性较强，不利于形成一个为所有人所接受的客观准则，因此难以形成"显性"的识别标准。而官方标准的另一个重要条件是"持续亏损3年以上"，该条件是一个客观条件，主要反映不具有盈利能力的僵尸企业在市场上的存续性。在我国的企业市场退出机制远远不尽完善的背景下，僵尸企业有可能因种种原因迟迟不能退市。在这种情况下，僵尸企业的市场存续期越长，其作为僵尸企业的本质特征就越明显，对市场资源配置的扭曲作用越强，应当被清理的优先级也越高。

综上所述，FN-CHK识别法在我国的应用需要考虑政府补贴和持续时间的因素予以修正。首先，在识别企业盈利能力时要剔除政府补贴以获取更加真实的情况。其次，在不完全信息的条件下，巨额的政府补贴作为造成企业软预算约束状态的原因之一也可能成为僵尸企业滋生的"土壤"，必须纳入我国僵尸企业的识别程序之中。最后，加入时间持续因素可以更稳健和灵活地对僵尸企业进行识别，提高识别的效率。

三、针对我国僵尸企业的识别法修正

由于FN-CHK识别法具有识别程序客观、简单、易操作等优点，又具有被国际国内学术界广泛承认和应用的基础，因此，本书在FN-CHK识别法的基础上，考虑政府补贴和持续时间的因素予以修正，使其能够更好地适用于我国制度背景下的僵尸企业识别之中。经过修正的僵尸企业识别程序分为三个标准：软预算约束标准、盈利能力标准和持续时间标准。只有当以上三个标准同时得到满足，才将一家企业判定为僵尸企业。

第一，软预算约束标准。在竞争性的市场经济环境中，软预算约束是导致一家企业成为僵尸企业最主要的原因，预算约束硬化的亏损企业或早或晚都必然会被市场竞争所淘汰，不会成为实质上的僵尸企业。在我国的制度背景下，企业面临软预算约束的三个主要因素是银行的信贷补贴、政府的财政补贴以及银行的持续信贷。其中，银行的信贷补贴和政府的财政补贴给予企业不正当的市场竞争优势，银行的持续信贷更是经营不善企业的"输血"来源。因此，只要满足这三个因素中的一个就足以令一家自身不具有盈利能力的企业在外力的扶持下于市场中长期存续。

首先，考察银行信贷补贴因素。借鉴 Caballero 等（2008），企业 i 于 t 年在正常的市场化条件下理论上的最小应支付利息[1]为：

$$R_{i,\,t}^{*} = rs_{t-1} \times BS_{i,\,t-1} + \left(\frac{1}{5}\sum_{j=1}^{5} rl_{t-j}\right) \times BL_{i,\,t-1} \qquad (3\text{--}3)$$

其中，BS 和 BL 分别表示期限为 1 年以内的短期银行贷款和期限为 1 年以上的长期银行贷款。rs 和 rl 分别表示平均短期最优贷款利率以及平均长期最优贷款利率。考虑到央行的年内调息问题，借鉴黄少卿和陈彦（2017）的处理方法，假设企业的短期贷款期限服从均匀分布并将贷款期限为 6 个月的和 6 个月至 1 年的贷款基准利率进行年化平均后得到平均短期最优利率，而平均长期最优贷款利率则是取 1~3 年、3~5 年、5 年以上贷款基准利率的算术平均值。

用理论上的最小应支付利息减去企业 i 在 t 年实际支付的利息，得到银行信贷补贴为：

$$Banksub_{i,t} = R_{i,t}^{*} - Interest_{i,t} \qquad (3\text{--}4)$$

---

① 我国公开发行债券的企业数量相对较少且数据缺失严重，因此本书遵循既有研究做法，将企业债券产生的利息忽略。

如果上式计算所得差额大于 0，说明企业 i 在 t 年获得了银行信贷补贴。令软预算约束条件 1 为：

$$Banksub_{i,t} > 0 \qquad (3-5)$$

其次，考察政府财政补贴因素。根据企业的财务报表信息或数据库中补贴收入指标的信息，如果该指标大于 0 说明企业 i 在 t 年获得了政府财政补贴。令软预算约束条件 2 为：

$$Govsub_{i,t} > 0 \qquad (3-6)$$

最后，考察银行持续信贷因素。如果企业 i 在 t 年满足上一年的资产负债率高于 50% 且在当年继续增加负债，说明企业自身偿债能力不足，获取银行持续信贷的违约风险很高，可能是维持生存的手段。令软预算约束条件 3 为：

$$Debt\ to\ Asset\ Ratio_{i,t-1} > 0.5 \qquad (3-7)$$

$$Debt_{i,t} > Debt_{i,t-1} \qquad (3-8)$$

综上所述，如果企业 i 在 t 年至少满足以上三个软预算约束条件中的一个，则认为该企业在 t 年满足了软预算约束标准。

第二，盈利能力标准。根据僵尸企业的定义，僵尸企业是不具有自生能力的企业，即其在市场上丧失了自身独立经营的盈利能力。由于企业可能存在操纵盈余以及美化资产负债表的行为，所以需要尽可能地去除外力帮助的作用，对企业实际的盈利能力进行鉴别。如果企业 i 在 t 年获得了信贷补贴或者政府补贴，即在企业利润总额中减去信贷补贴与政府补贴之和，计算出企业扣除补贴后的实际利润：

$$Realprofit_{i,t} = Profit_{i,t} - (Banksub_{i,t} + Govsup_{i,t}) \qquad (3-9)$$

如果企业 i 在 t 年扣除补贴后的实际利润为负，即满足：

$$Realprofit_{i,t} < 0 \qquad (3-10)$$

说明该企业自身在不借助外力帮助的条件下是不具有盈利能力的，在竞争性的市场中不具有自生能力，并认为该企业在 t 年满足盈利能力标准。

第三，持续时间标准。如果一家企业连续 n 年（n 为大于等于 1 的整数）都同时满足软预算约束标准和盈利能力标准，则将该企业在 t 年的状态识别为僵尸企业。本书提出的持续时间标准在将不同行业的企业判定为僵尸企业时不做区分，是考虑到满足软预算约束标准和盈利能力标准之后任何类型企业的生产资源在当时都是处于低效无效利用状态的，因此将资源错配影响一并计入。

本书提出的僵尸企业识别方法的识别逻辑是：如果一家得到银行信贷利息减免、政府财政补贴或者在高负债率下依然持续增加借贷的企业，扣除信贷补贴和政府补贴后实际利润为负，则说明该企业自身缺乏盈利能力，在市场上只能依靠各类补贴或持续借贷在软预算约束状态下生存，属于僵尸企业。虽然这种识别方法依旧存在识别不足或过度识别的可能性，但是充分地利用了僵尸企业不产生正的经济效益和占用经济资源的两大本质特征，更加适用于我国制度背景下僵尸企业的识别。

显而易见的是，持续时间标准 n 的取值对僵尸企业的识别具有重大的影响：

一方面，持续时间标准中的 n 取值越大，表明识别出的僵尸企业在市场上存活的时间越久，其僵尸企业特征越明显，减少了犯过度识别错误的概率。但是，较长的连续时间标准对僵尸企业的识别存在明显滞后和遗漏的可能，而且对微观企业样本数据的质量提出了更高的要求，不利于对僵尸企业影响作用进行研究。例如，当 n 取 3 时，表明一家企业既不能盈利又依赖补贴或借贷维持生存的僵尸状态持续到第 3 年才会被识别为僵尸企业，而该企业在前两年已经存在对资源配置的扭曲。由于存在识别滞后，无法准确和及时地捕捉到当年所有由僵尸企业导致的扭曲作用，因此不利于进行对僵尸企业不良影响的研究。然而，在估计每年僵尸企业所占比例时，这种估计实质上是考察资源配置扭曲程度或利用效率的一种指数，因此出于稳健性考虑可以将 n 取大于等于 2 的整数。聂辉华等（2016）建议将判定僵尸企业的持续时间标准定为 2 年，本书也认为取 n 等于 2 既可以保证识别稳健性，又不至于丢失太多样本信息。因此如无特别说明，本书在估计我国制造业僵尸企业比例现状时选取持续时间标准为 2 年。

另一方面，持续时间标准中的 n 取值越小，则对一家企业出现占用大量补贴或信贷资源却没有盈利的资源无效利用状态识别越及时和完整。当 n 取 1 时，能够在僵尸企业出现"问题"的第一年就将其识别出来，减少了犯识别不足错误的概率，有利于对僵尸企业问题导致的负面影响的评估。因此，在第五章中对僵尸企业问题产生的不良影响进行实证分析时，本书沿用 FN-CHK 识别法的标准取 n=1，在当年就识别出僵尸企业，而将 n=2 作为更严格的识别标准放在稳健性检验中。

第二节　我国制造业僵尸企业的现状

一、整体变化趋势

制造业企业作为实体经济中的微观供给主体，其整体健康程度与制造业供给质量息息相关。僵尸企业问题爆发是制造业供给与需求结构不匹配矛盾的产物，而制造业僵尸企业比例的变化趋势能够较好地反映实体经济供需结构失衡的动态变化。近年来，由于全球经济形势持续低迷以及我国进入工业化后期阶段等内外部因素的共同作用，僵尸企业不仅大量出现在传统重化工行业，甚至在一些战略性新兴行业也有涌现迹象，这说明我国制造业供给与需求结构失衡的矛盾仍然没有从根本上得到很好的解决。考察我国制造业僵尸企业的变化趋势就成为了解制造业供给侧问题所在，从而实现推进制造业供给侧结构性改革目标的第一步。由于僵尸企业占用经济资源却不能产生经济效益的特性，考察僵尸企业负债与所有企业总负债之比，即僵尸企业负债占比,可以更好地发现僵尸企业的资源扭曲特性。因此,下面采用本书修正后的僵尸企业识别法,通过僵尸企业数量占比和僵尸企业负债占比这两种方式考察我国僵尸企业的现实状况。

值得注意的一点是,国内也有不少学者采用上市公司数据库研究僵尸企业问题。上市公司数据多根据上市公司年度财务报表中的数据汇总而来,其最大的优点是数据新、指标全、行业覆盖广。图3-4显示了2000~2017年我国沪深A股上市公司僵尸企业比例的变化趋势。从数量比例的变化趋势来看,我国上市公司僵尸企业的数量比例始终处于大幅度波动状态,2000~2009年,僵尸企业数量比例虽有起伏,但总体趋势是逐渐上升的,由16.30%上升至27.80%,年均增长1.28%。上市公司作为我国高质量企业的代表,其波动上扬的僵尸企业比例也同样反映了我国企业作为供给侧的供给主体整体上对市场需求变化适应性差的矛盾未能得到很好的解决。2010~2011年是我国"四万亿计划"刺激政策的生效期,僵尸企业的数量比例有所下降。但随后刺激政策的作用很快消失,僵尸企业的数量比例自2011年的15.35%又连年上升至2014年的25.15%。从2015年开始,受益于全球宏观经济环境的回暖与我国"去产能、去库存、去杠杆、降成本、补短板"五大目标任务的实施初见成效,僵尸企业的数量比例又开始进入下降通道。从负债比例来看情况似乎更为乐观,上市公司僵尸企业的负债比例始终保持下行趋稳的变化趋势,这反映出我国上市公司的杠杆率普遍控制较好,引发系统性风险的概率不高。从两者协同性来看,自2004年开始,我国上市公司中僵尸企业的数量比例与负债比例变化趋势基本保持了很好的同步性,但负债比例的波动幅度明显小于数量比例。这一方面是由于上市公司的融资渠道以股权融资为主,债权融资只是辅助手段;另一方面也表明上市公司受到信息披露等监管制度的严格约束,整体上非常重视对负债水平与系统性风险的控制。

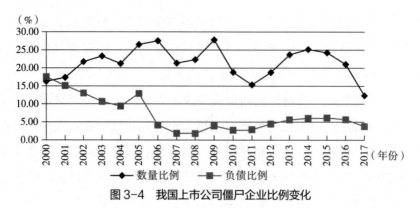

图 3-4　我国上市公司僵尸企业比例变化

资料来源：国泰安上市公司数据库，笔者计算整理。

　　然而需要特别注意的是，用我国上市公司数据研究僵尸企业问题存在明显的代表性不足的缺陷[①]。一方面，平均而言上市公司无论是管理水平、资产规模还是盈利能力都远高于非上市公司，这导致上市公司与非上市公司成为僵尸企业的可能性存在较大的系统性差异。另一方面，上市公司中国有企业的比例非常高，国有资本的参与使国有企业所面临的预算约束"硬度"明显小于非国有企业。软预算约束作为企业沦为僵尸企业的必要条件之一，必然导致上市公司样本数据的所有制代表性差，容易产生较大的估计偏误。因此，下文采用中国工业企业数据库数据考察我国制造业僵尸企业的分布情况。中国工业企业数据库包含 1998~2013 年全部国有和规模以上工业企业的数据样本[②]，覆盖了工业企业 90% 以上的销售额，囊括 30 个制造业行业大类，良好的样本代表性使之更适用于我国制造业僵尸企业问题的研究。

　　图 3-5 显示了我国制造业僵尸企业比例变化的趋势，数量比例和负债比例的变化趋势具有较高的协同性，并且负债比例高于数量比例，说明制造业僵尸企业资产负债率普遍较高，依靠信贷资源生存的"吸血"特征表现明显。由图 3-5 可知，制造业僵尸企业问题在我国经济

---

　　①　即统计学上的样本选择偏误。

　　②　中国工业企业数据库中的微观企业数据近年来不再公开。

转型调整过程中呈现出不同的变化特征。受样本数据所限，本书中制造业僵尸企业比例首次被识别出来是在 2000 年，而当时正是我国制造业僵尸企业问题的最严峻期。究其原因，样本初期（2000 年）僵尸企业比例高企是源于 20 世纪 90 年代中期开始我国国有企业经营状况出现大面积亏损，再加上 1997 年亚洲金融危机的影响延续，导致国内实体经济中僵尸企业的迅速积累。为应对内外部经济环境的不利因素，自 1998 年年初开始，我国通过发行长期建设国债 5100 亿元投资于基础设施建设，从而迅速增加了内需。加之从 1998 年下半年开始的房地产市场化改革，房地产市场的强势启动大幅增加了钢铁、水泥、玻璃等建材类产能过剩行业的市场需求，这不仅使大批企业"起死回生"，甚至将产能过剩变为了产能短缺。因此，2000~2004 年我国制造业僵尸企业比例整体上呈迅速下降趋势，数量比例降幅为 13.63%，负债比例降幅更是达到 19.34%。

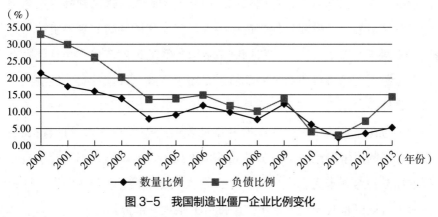

图 3-5　我国制造业僵尸企业比例变化

资料来源：中国工业企业数据库，笔者计算整理。

　　然而，为应对亚洲金融危机而实行的积极财政政策在 2004 年开始逐步淡出时，可以看到僵尸企业的比例又开始有所回升。受到首次举办奥运会的影响，国内投资热情高涨并且货币政策宽松，制造业多个相关产业市场需求旺盛，导致僵尸企业比例于 2008 年降至样本期的最低点。由于 2008 年全球金融危机之后外部需求锐减，僵尸企业无论是数量比例还是负债比例都有一个明显的激增。我国在 2009 年年初推行的总量约四万亿元的"救市"积极财政政策极大地刺激了国内需求的增长，可见僵尸企业比例出现了明显的减少，使得制造业长期低端产能过剩、高端产能不足的供需结构矛盾被掩盖起来。然而仅仅在两年之后，由于供给与需求结构不匹配的矛盾并未真正解决，刺激政策的效果很快就消失了。在欧洲主权债务危机全面爆发的影响下，从 2011 年开始，我国制造业中僵尸企业比例尤其是负债比例开始迅速攀升，伴随着高杠杆而积聚的系统性风险卷土重来。

可以发现，由于房地产市场化改革所释放的"增长红利"基本上将我国建筑、基建及其上下游行业的国内市场需求空间消耗殆尽，所以再度使用刺激性财政政策在需求侧人为提高需求收效甚微，只能加剧资源配置的扭曲，造成资源的低效使用和浪费。当国内市场达到一定饱和程度之后，我国制造业僵尸企业比例变化在很大程度上受到国际市场需求波动的影响。长期以来，我国采用出口导向型政策，借助国际市场为国内工业制造品打开销路，使制造业得以迅速发展的同时实现经济的快速增长。但是，以上事实导致我国制造业对外需的过度依赖，一旦国际上出现大范围的经济危机或金融危机引发需求下降，我国的实体经济随后就面临停滞的危机，进行刺激政策"救市"的呼声四起。在工业化的前中期，将在需求侧增加投资作为主要的增长方式尚且可行，可以将我国农业部门的大量剩余劳动力吸纳到效率更高的工业中去，同时资本边际报酬递减规律并未表现出来。因此，劳动力资源的重新配置即人口红利构成了长期以来我国全要素生产率提升的很大一部分。

在这种"容易实现"的经济增长方式下也容易形成路径依赖和思维惯性，导致我国制造业在工业化后期人口红利消耗殆尽的情况下，仍然延续以需求侧为重点的管理模式，具有明显的增长方式粗放、生产效率低下、创新能力不足的特点。由于我国制造业作为供给主体对需求"质"和"量"的变化适应性差，一旦面临国际经济或金融危机引发的需求冲击就会爆发僵尸企业问题，致使实体经济的健康程度迅速恶化。同时，依靠刺激政策这些外部手段无助于从根本上解决这一矛盾，必须依靠供给主体自身的内部效率变革。虽然随着我国市场化程度的不断提高，企业出现软预算约束状况的数量和程度都有所减少，僵尸企业问题的严重性得以缓解，但不可否认的是，由于区域发展水平的不平衡、强选择性产业政策的诱导、国有企业改革的不彻底等原因，企业软预算约束不仅仍然存在，而且在不同地区、行业、所有制的企业间存在较大差异，因此，有待进一步分地区、分行业和分所有制考察我国制造业僵尸企业的分布情况。

二、不同地区分布情况

我国实体经济发展的区域不平衡特征明显，经济增长主要由劳动力密集而便于发展外向型经济的沿海地区推动，地区间的产业结构升级次序也存在诸多不合理性。在面临国际经济或金融危机时，反而是经济发展速度更快、外向型水平更高的东部地区受到的冲击最严重（蔡昉等，2009）。由此可见，各地区制造业存在的僵尸企业问题矛盾特征也必定各不相同。因此，不仅需要在区域间进行差异化对比分析，而且也需要分地区深入研究当地制造业僵尸企业问题的特性。本书按照惯例将全国除港澳台地区外的 31 个省份划分为东部、中部、西部和东北四个区域。[①]

从图 3-6 中可以看到，我国四个地区制造业僵尸企业数量比例的变化趋势基本保持一致：2000 年开始房地产业的爆发、2008 年国际金融危机引发外部需求冲击、2009 年政府刺激经济计划、2011 年刺激政策效果消失这几个时间节点清晰可见。从僵尸企业数量比例的相对大

---

① 东部地区包括北京、天津、河北、上海、江苏、浙江、福建、山东、广东和海南；中部地区包括山西、安徽、江西、河南、湖北、湖南；西部地区包括四川、重庆、贵州、云南、西藏、陕西、甘肃、青海、宁夏、新疆、广西、内蒙古；东北地区包括辽宁、吉林和黑龙江。

小来看，在 2007 年之前始终维持着西部最高、东北次之、中部再次、东部最低的次序，这与经济发展水平以及生产技术水平的排序基本相符。然而，东部地区的僵尸企业数量比例自 2008 年首次超过中部地区之后又于 2011 年超过西部地区和东北地区，成为僵尸企业数量比例最高的地区。这个现象表明，长期以来通过吸收中西部地区大量劳动力的转移，东部地区逐步取得了国内相对于其他地区的劳动力资源禀赋优势，得以大力发展劳动密集型产业，并利用出口导向型政策的优惠和本地出口便利的区位优势在国际市场上取得了竞争优势地位，但与此同时也形成了对国际市场的过度依赖。在国际经济或金融危机的冲击下，这种产业结构和技术选择导致产品同质化严重、附加值微薄的弊端暴露出来，反而使东部地区企业遭受冲击的影响最为严重。因此，我国虽然在一定程度上受益于劳动力丰富的资源禀赋优势，通过劳动密集型产业取得了国际市场竞争优势，但是该发展模式变得越来越不可持续。必须努力实现制造业的转型升级，使产品供给侧由重视产品的"量"到重视产品的"质"，从而实现对需求变化的被动适应转变为主动适应。

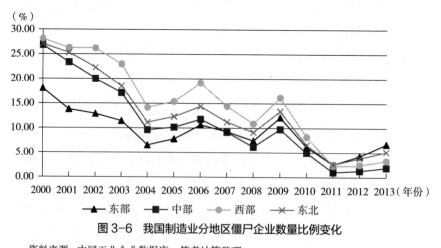

图 3-6　我国制造业分地区僵尸企业数量比例变化

资料来源：中国工业企业数据库，笔者计算整理。

从负债比例的角度能够更好地体现出僵尸企业的实际变化趋势。

从图 3-7 中可以看到,与数量比例不同的是僵尸企业负债比例在样本区间内始终保持着东北地区最高、西部地区次之、中部地区再次、东部地区最低的顺序。东部地区制造业僵尸企业的负债比例在 2008 年之前是远低于其他地区水平的,但在 2008 年之后就基本与中部地区和西部地区保持一致。这说明在 2008 年全球金融危机之后,东部地区大量加工贸易企业受到冲击严重,原来的经营管理优势不再,与中部、西部地区的企业一样落入了软预算约束的陷阱,需要引起警惕。最引人注目的是东北地区制造业僵尸企业的负债比例,始终位居前列。从图 3-6 可知东北地区制造业僵尸企业的数量比例并不是非常突出,与负债比例对比可知东北地区企业高负债经营的状况普遍,软预算约束程度最为严重。

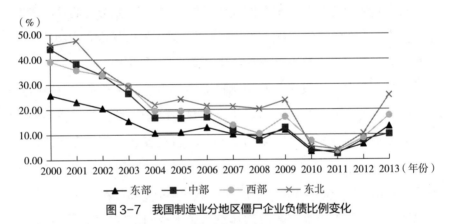

图 3-7　我国制造业分地区僵尸企业负债比例变化

资料来源:中国工业企业数据库,笔者计算整理。

东北老工业基地的制造业主要产出初级产品及进行原材料加工,以传统重化工业为主,转型升级极为缓慢。东北地区的传统行业如钢铁、有色、汽车等行业中存在大量企业常年处于努力"保生存""减亏损"的状态之下,出现严重产能过剩乃至停产的现象。东北老工业基地的制造业具有产业链条短、出口能力弱、央企数量多、增长空间小的特点,承担着较大的吸纳就业、社会保障、社会救济等历史性社会包袱,政策性负担很重,因而广泛要求国家对企业的政策性亏损给予政策性补贴，以获取银行信贷方面的各种优惠甚至是直接的大量的财政资金支持。因此，东北地区的大量制造业企业在丧失盈利能力的情况下却"大而不能倒"，在银行和政府的扶持作用下其预算约束进一步软化，最终沦为僵尸企业。总之从供给侧结构性改革视角来看，东北地区供需错配的结构性矛盾最大，而东部地区供给能力对外部冲击的适应性逐步变差的趋势需要引起特别的注意。

三、不同行业分布情况

我国在 2002 年重新调整了行业代码标准后，制造业主要包括 30 个大类行业。本书借鉴 OECD（2009）和傅元海等（2014）的分类方法，根据制造业各行业的研发投入强度将 30 个行业划分为高端技术产业、中端技术产业和低端技术产业三类[①]，以更好地显示我国制造业在产业结构升级过程中的僵尸企业问题情况。

从图 3-8 中可以发现，我国制造业高、中、低端技术产业中僵尸企业的数量比例几乎完全一致，不存在显著的差异性。这说明不同技术密集度的产业中的僵尸企业所受到的"市场容忍度"较为类似，不存在某种技术密集度的产业中的僵尸企业更易于在市场作用下自行退出的特征表现。然而，结合负债比例来考察可以发现，2008 年全球金融危机之后制造业僵尸企业的比例发生了不同于以前的新变化。如图 3-9 所示，我国制造业高端技术行业中僵尸企业比例始终保持高位，而且在外需波动的冲击下上扬幅度明显。我国的高端技术产业是自改革开放以来逐步成长起来的，至今还是"大而不强"，即看似出口规模

---

① 其中，高端技术产业包括：化学原料及制品、医药、化学纤维、通用设备、专用设备、交通运输设备、电气机械、通信电子、仪器仪表 9 个行业；中端技术产业包括：石油加工炼焦及核燃料加工、橡胶、塑料、非金属矿物、黑色金属加工、有色金属加工、金属制品、废弃资源回收加工 8 个行业；低端技术产业包括：食品加工、食品制造、饮料、烟草、纺织、服装、皮革、木材加工、家具、造纸、印刷、文教体育用品、工艺品 13 个行业。

巨大，但普遍缺乏自主知识产权，在产业链上仍然主要处于组装加工的环节。由于缺乏核心竞争力，再加上容易受到选择性产业政策的青睐，因此，高端技术产业中僵尸企业的比例反而居高不下。

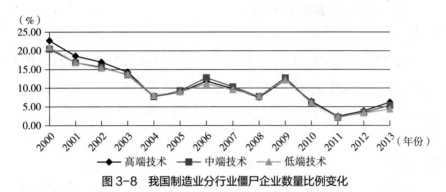

图3-8　我国制造业分行业僵尸企业数量比例变化

资料来源：中国工业企业数据库，笔者计算整理。

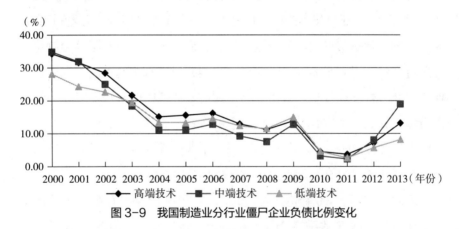

图3-9　我国制造业分行业僵尸企业负债比例变化

资料来源：中国工业企业数据库，笔者计算整理。

值得注意的是，中端技术产业中僵尸企业的比例在"四万亿计划"刺激政策之后下降幅度明显，僵尸企业的负债比例降至三类产业中之最低。然而，中端技术产业中僵尸企业的比例在刺激政策效果消失之后的反弹也是最为严重，在2013年就已经远远超过金融危机发生后2009年的水平。中端技术产业的代表是钢铁、水泥、平板玻璃、电解铝等与基础设施建设有关的行业，产能建设周期长且变动弹性小，在经历过大规模经济刺激计划以及相应支柱产业政策指向之后，建成产能难以及时适应需求变化，于是在中端技术产业中爆发了最为严重的僵尸企业问题。

四、不同所有制分布情况

我国经济总体中的非国有经济是在 20 世纪 80 年代之后才逐步发展起来的，至今已经成为市场经济中最活跃的成分，成为我国多年来经济得以高速增长的基础。改革开放之前，国内尚不存在充分竞争的市场，对外商直接投资和进出口贸易的限制也比较多，所以国有企业整体盈利能力低下、自生能力不足的问题并没有完全显现出来。一方面，国有企业之中重化工业比例始终很高，在过去是作为国家快速工业化和国防现代化的战略目标而建立的，至今仍然存在着战略性负担。在竞争性的市场出现之后，一部分技术落后的重化工业国有企业必然会丧失盈利能力，面临着倒闭且被市场淘汰的命运。另一方面，地方政府对劳动力就业状况负有责任，国有企业不得不吸纳一定的冗员，承担起稳定就业、社会保障、社会救济等社会性负担，因此政府不能任由国有企业轻易倒闭退出市场，只能对国有企业的亏损给予财政补贴，通过国有银行对国有企业的生产经营给予信贷上的便利。国有企业中存在的这种矛盾导致国有企业存在软预算约束的程度比非国有企业严重得多。

因此，如图 3-10 和图 3-11 所示，我国制造业国有企业中僵尸企业的比例要远高于非国有企业，可见僵尸国有企业问题成为我国僵尸企业问题的核心。2003 年国资委成立之后，国有企业具有了一个真正意义上履行出资人职责的权威机构，"所有者缺位"问题得到一定缓解，有力推进了国有企业在竞争性领域的有序退出，减少了国有企业中"倒不了""活不好"的僵尸企业的比例，缩小了与非国有企业之间的差距。但是，国有企业的改革仍然远没有完成，在刺激政策的效果消失之后，国有企业中僵尸企业的负债比例再度快速上扬。这说明国有企业中预算约束软化程度仍然相当严重，市场化程度有待进一步提升。

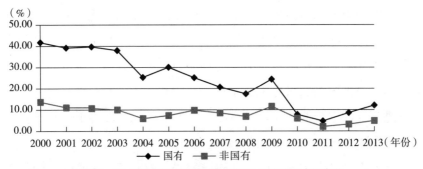

图 3-10 我国制造业分所有制僵尸企业数量比例变化

资料来源：中国工业企业数据库，笔者计算整理。

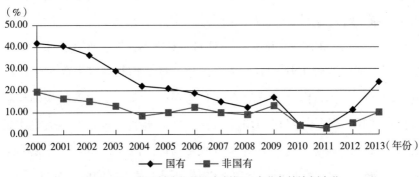

图 3-11 我国制造业分所有制僵尸企业负债比例变化

资料来源：中国工业企业数据库，笔者计算整理。

第三节 我国制造业僵尸企业的危害剖析

一、加剧供需结构的错配

自改革开放以来，我国经济实现了高速增长，产业结构变化迅速，要求制造业企业不断进行创新以适应变革。同时，随着人民收入水平不断提高，对制造业产品的质量与品质的要求也在不断提高。以上两点共同决定了制造业供给和需求结构的动态演变速度加快，能够进行合理匹配的难度也与日俱增。在竞争性很强的市场环境中，一部分制造业企业由于缺乏适应市场环境的核心竞争力，产品难以及时满足市场需求的变化，于是迅速丧失了盈利能力，进入持续亏损状态，部分企业在软预算约束的状态下在市场中存续并沦为僵尸企业。然而，制造业僵尸企业作为低端无效的供给，它们的长期存续降低了供给存量总体的质量和效率，加剧了供需结构的错配。

制造业僵尸企业加剧供需结构错配的机理源于个体理性与集体理性的矛盾。以博弈论中典型的囚徒困境为例，假设警方拘捕了两名犯罪嫌疑人，并设计出一种机制促使两人招供。如果两名犯罪嫌疑人都认罪，那么两人各判4年；如果两人都不认罪，因为证据不足两人只能各判1年；如果只有一人认罪指证对方而对方不认罪，那么认罪者立功释放，拒不认罪者重判6年。显然，对于每个犯罪嫌疑人而言认罪是最为理性的选择，因为无论对方认罪与否自己选择认罪都能获得相对较轻的惩罚。但是从集体的角度来看，只有两个人同时拒不认罪才能使两人共同的刑期最少，是最为理性的选择。但是，如果两名犯罪嫌疑人因为长期利益会在刑满释放后继续合作，有再次同时被捕的可能，那么两人在首次博弈时就都会选择不认罪，因为首次就选择认罪会遭到对方以后每次都选择认罪使其刑期变长的可信威胁。如果两名罪犯嫌疑人因为短期利益仅仅合作一次，那么每人便只会考虑自己的眼前利益选择认罪，导致了个人理性与集体理性的矛盾。

制造业僵尸企业中很大一部分是国有企业，它们的生产经营困境就引发于这样的逻辑关系。例如，一家理性的水泥或钢铁企业不会为满足在一段较短的时期内建设一条铁路所需的水泥或钢材需求而盲目扩大产能，因为该企业必须从长计议，考虑当该项目完成之后那些多余的产能应该如何处置。如果一家私有水泥或钢铁企业因产能过剩而亏损乃至倒闭，其受雇经理人的职业生涯也将受到严重损失。因此，理性的水泥或钢铁企业经理人为了自身和企业长远的利益，会选择只承担该项目产品总需求量的一部分；或者要求将铁路建设期延长；再或者要求支付包含未来过剩产能贬值的风险溢价。但是，国有企业与私有企业相比具有明显的差异性。我国的国有企业并非简单地作为追求利润最大化的个体生产者存在，而是同时也承担着相当大的社会职能，是实现国家经济与社会目标的基石。因此国有企业的经理人会在某种程度上被视同为国家干部，而非传统意义上受雇于企业的职业经理人。对于国有企业的经理人而言，其目标往往是任期内的自身"绩效"最大化，他们会为在较短时期内完成建设任务而迅速增加固定资产投资以扩大产能，单次博弈的理性行为却可能给长期的发展带来巨大风险。当建设任务完成之后，整个行业将出现严重的产能过剩。如果适应需求失败，企业可能会逐渐丧失自身的盈利能力，依靠银行和政府的扶持与补贴沦为僵尸企业。

这样的制造业僵尸企业本身提供的是无效的产能，因为产品供给难以适应市场需求的变化，是导致供需结构错配的因素。然而不仅如此，沦为"僵尸"的国有企业往往寄希望于大力度的财政刺激政策使自身"复活"，依靠人为创造的巨额需求来消化严重过剩的产能。但是该类型的企业在接受订单时盲目扩大产能的特性并未改变，在承接新的建设项目时又会为满足短期的需求数量而忽视优化长期的供给能力，这就不可避免地导致了新一轮的产能过剩。在刺激政策的效力过后，市场正常需求状态恢复如初，这些企业再度沦为僵尸企业的同时，由于其新一轮的产能扩张更加剧了市场供需结构的错配。

二、抑制有效供给的产生

自 1912 年起，约瑟夫·熊彼特（Joseph Schumpeter）在一系列著作中阐述了他对创新的认识：创新实质上意味着一个新生产函数的建立，以此实现生产要素的新投入产出模式，并提出新产品、新材料、新市场、新生产方式和新组织形式都属于创新①。熊彼特进而提出创新的发展过程是一种"创造性破坏"的过程，即创新从内部不断破坏旧的经济结构，逐渐构成新的经济结构。与此同时，他认为利润作为实现创新的奖励，只能通过创新这一因素在破坏旧经济结构的过程中取得。由此可知，能够满足新需求的有效供给的本质作为新产品、新材料、新生产方式等之中的一种，其作为供给上的要素新组合的实现，必然是一种创新。

在正常的市场竞争状态下，有效供给作为能够适应需求变化的新供给，具有比旧供给更高的市场竞争力，从而逐步淘汰旧供给，将无效的供给"挤出"市场，形成一个供给质量不断更新和提升的动态演化过程。然而僵尸企业虽然失去了自生能力，但仍然在市场中长期存续，是既无法实现"自我破坏"又无法被"创新破坏"的惰性供给成分，其存在必然会对有效供给的产生造成抑制作用。

根据新古典经济学的分析，企业在具有竞争性的市场中长期均衡利润接近于零，这种状态与熊彼特所描述的企业在"静态循环"中不产生利润的情形类似。这是因为当不存在创新时，市场中的产品具有相当大的同质性，在企业可以自由进出市场的条件下，只有当市场中存在可以获利的空间时新的企业才会进入市场。假设市场中的企业可以获取利润，那么随着新的企业逐个进入市场，市场中的供给增加，产品的价格下降，单个企业的利润就会逐渐减少至零，新企业的进入就会停止。然而当创新出现时市场现有的均衡状态就会被打破，创新企业所采用的新产品、新材料、新生产方式等就会使该企业在市场中取得竞争优势，比如某种技术创新使得生产等量的产品所耗费的成本比原来减少了。这种创新所带来的竞争优势会在市场中转化为创新企业的利润，高水平利润的出现引致其他企业对创新的竞相模仿。此时"创造性破坏"的过程就体现出来了，新的高效率的供给由于具有竞争

---

① 关于熊彼特对创新的开创性研究，参见熊彼特（1979，2017）。

优势在总供给中的比例越来越多，旧的低效率的供给由于缺乏竞争优势从而在总供给中的比例越来越少，最终必然完全被"挤出"市场。

僵尸企业是上述旧供给中的一个例外，它们在市场中长期存续而没有被创新的新供给"挤出"市场，从而成为阻碍"创造性破坏"过程的一种因素。僵尸企业没有被竞争性的市场所清退意味着它们借助于某种外力取得了足够与伴随创新而生的新供给相抗衡的竞争力，例如，这些僵尸企业对现有信贷资源的占有本身就是一种优势；银行的信贷利息减免或者政府的补贴更是降低了它们的生产成本，使这些企业可以采取降低商品价格或者提高雇员薪资的方式与创新带来的新供给来争夺市场占有权。僵尸企业的低成本竞争手段导致那些新的效率更高的有效供给在市场上的竞争力变弱甚至消失，也就使"创造性破坏"的"破坏效果"大打折扣，整个经济供给结构的演化速度也将变慢乃至停滞不前。因此，僵尸企业不仅自身作为一种低效或无效的供给存在，而且更抑制有效供给在市场中的产生，对供给侧的增量改革形成了障碍。

三、阻碍制造业转型升级

我国的制造业多年来处于"大而不强"的尴尬定位上，但是随着国内国际的制造品市场需求在数量与质量上的不断变化，我国制造业连简单地维持这种"加工工厂"的地位都受到了可持续性的挑战。由于供需结构不匹配的矛盾进一步凸显，目前制造业整体增速明显放缓，部分行业已经连续数年存在产能过剩，再加上近年来民间投资的低潮以及债务风险的激增，我国制造业已经难以继续维持原有的发展状态，不进行改变就会被淘汰。因此，各界达成的一个共识是我国制造业必须通过转型升级获取新的增长动力来源。制造业的转型升级包括两个维度，即产业维度上的转型升级与产品维度上的转型升级，而现存的僵尸企业对这两个维度上的转型升级都形成了阻碍作用。

产业维度上的转型升级是针对制造业结构而言的，具体包括制造业结构的高度化与合理化两个方面。制造业结构的高度化是指高端技术产业在整个制造业之中所占比例越来越高的趋势，反映了制造业整体技术要素的密集程度；制造业结构的合理化是指制造业各行业之间的协调程度和生产资源有效利用程度的提升，是投入结构和产出结构耦合程度的一种度量。

对于制造业结构高度化的实现而言，理论上需要高端技术产业的"增量"不断提升，中低端技术产业的"存量"不断减少。然而，僵尸企业的存在阻碍了这个动态演变过程的进行。一方面，制造业僵尸企业大量存在于钢铁、水泥、有色金属等中低端技术产业中，这些产业的资本密集度往往较高，具有产能调整周期长、设备更新升级慢的特点。僵尸企业对生产资源的占用率高而产生的经济效益却很少，由于失去了经济活力而属于供给结构中难以转型升级的惰性成分，一旦受到大规模刺激政策的诱导，又会盲目扩大产能。因此，中低端技术产业中的僵尸企业比例越高，进行"存量改革"的困难程度就越大。另一方面，严重的僵尸企业问题近年来也开始出现在太阳能、风能等新兴高端技术产业之中。凭借所获取的银行持续的信贷和政府的补贴，僵尸企业不仅在高端技术产业的市场中"僵而不死"，同时也获得了以低成本优势与其他企业竞争的资格。通过资源垄断、打价格战等方式，僵尸企业使得努力进行创新研发的企业的收益降低而风险增加，隐性提高了高端技术产业的行业进入门槛。因此，导致高端技术产业中的僵尸企业比例越来越高，进行"增量改革"的困难程度也就越大。

对于制造业结构合理化的实现而言，理论上需要资本、劳动、土地等生产要素具有充分的可流动性，从而可以有效地配给到生产效率最高的地方。生产要素的流动性越差，生产资源配置扭曲的严重程度就可能越高，因为非市场化的外力干预往往是低效率的，僵尸企业作为非市场化的外力干预结果就是符合这种情况的例证。僵尸企业在市场上的存续不仅本身占用了大量宝贵的生产资源，而且需要源源不断地侵占新的生产资源进行"输血"。由于僵尸企业本身是低端无效的供给，因此资源配置到僵尸企业中就是一种配置扭曲，它们所侵占的生产资源如果配置到正常企业中可以获得更高的效率。因此，制造业整体中僵尸企业的比例越高，由此带来的资源配置扭曲效应越强，资源配置固化越严重，制造业结构也难以向合理化的方向发展。

产品维度上的转型升级则是针对制造业企业在全球价值链中的分工地位而言的。价值链是指产品价值的创造和实现需要经过产品的设计、生产、销售直至最终被消费使用这一系列环环相扣的链条状过程。组成价值链的各种生产活动可以包含于一家企业之内，也可以由不同的企业分工合作完成。然而，位于价值链上不同位置的生产环节所获取的附加值率是不同的。根据"微笑曲线"理论，位于这条 U 形曲线两端的部分，即价值链上游的研发、设计环节以及价值链下游的品牌、服务环节的附加价值最高；位于 U 形曲线中间的部分，即价值链中游的加工、组装和制造环节的附加价值最低。我国制造业在国际市场中的主要比较优势仍然表现在价格相对低廉的丰富劳动力资源上，所以加工贸易型企业居多，处于全球价值链的中游位置，由于不具有技术和品牌等垄断性优势，仅仅依靠加工组装和生产制造所获取的产品附加值很低。产品维度上的转型升级需要占据制造品的高附加值生产环节，向全球价值链的高附加值环节跃迁。

生产环节向"微笑曲线"的两端迁移的一个必要条件是建立高知名度的品牌，从而获取消费者的信任度与忠诚度，以便从服务中获取较高的附加值。而建立知名品牌的必要条件是掌握先进的核心技术，这就要求创新企业有能力承担研发失败的风险。在僵尸企业比例很高的制造业行业中，产品往往同质化严重。僵尸企业不仅侵占银行信贷，而且采用"价格战"的竞争手段大大压缩了正常企业的利润空间，导致它们可用于研发的资源减少，市场环境对创新失败的包容度降低。理性的企业为了控制经营风险，不得不选择只进行加工、组装和制造这些无风险或低风险的生产环节以获取稳定的收益，从而难以跳出加工者的身份束缚。因此，大量僵尸企业在市场中的存续会对其他企业的创新活动形成抑制作用，给制造业的转型升级带来障碍。

本章小结

本章主要研究了我国制造业僵尸企业的现状以及从供给侧视角对制造业僵尸企业的危害进行剖析，为后续的实证分析奠定基础。首先，根据我国实际情景对国际流行的僵尸企业识别法进行修正，增强了在我国政府补贴导致的企业预算软约束即补贴软约束条件下的适用性。其次，基于上文提出的识别方法，展示我国制造业僵尸企业历年的变化趋势并分析其背后的变化动因，随后按地区、技术行业和所有制分类更加详细地阐述了我国制造业僵尸企业的分布现实情况。最后，从理论上分析了僵尸企业作为一种低端无效的供给主体对制造业供给侧整体所造成的危害。

第四章

我国制造业僵尸企业的形成机理：基于供给侧视角的分析

　　我国的制造业企业从正常企业沦为僵尸企业是一个复杂的变化过程，是很多因素共同作用的结果。由于僵尸企业是存在问题的微观供给主体，僵尸企业问题本质上是供给问题，因此本章基于供给侧的视角，从供给的角度对我国制造业僵尸企业的形成机理进行了一系列分析。首先，产业供给结构失衡是制造业僵尸企业形成的外部诱因。制造业作为实体产品最重要的供给主体，生产资源的配置从而各个产业的产能相对于需求存在一个最优比例，即最优产业供给结构。但是由于产业政策诱导、政府间竞争和宏观经济波动等因素，产业供给结构会发生失衡。在产能过剩的行业，僵尸企业更容易滋生。其次，企业供给质量低下是制造业僵尸企业形成的内在基础。创新能力不足、管理体制不合理以及优秀企业文化缺失这些因素都会使企业在市场竞争中处于劣势，导致企业供给质量的低下。低端低质的供给由于难以适应需求的变化因而成为无效供给，具体表现为企业丧失了自生能力，只有依靠"输血"才能继续存活。最后，无效供给无法清除是制造业僵尸企业形成的本质原因。僵尸企业之所以能够"僵而不死"，本质上得益于银行和政府造成的软预算约束，而低效的企业退市机制也起到了推波助澜的作用。

第一节 制造业僵尸企业形成的外部诱因：产业供给结构失衡

一、选择性产业政策诱导

产业政策源于日本 20 世纪五六十年代开始推行的一系列政府干预产业资源配置和企业经营活动的政策。因为该类型的政策是政府综合运用财政金融与国际贸易等政策工具和调控手段，有选择地对某些产业的发展进行促进，而对某些产业的发展进行抑制，所以也被称为选择性产业政策。选择性产业政策无论是促进政策还是抑制政策都只针对部分被挑选的"赢家"或"输家"产业，其本质是以政府的判断代替市场机制进行资源配置导向。各界曾经普遍认为，选择性产业政策对日本经济的高速增长起到了关键性作用，直到 20 世纪 70 年代初的一场石油危机给日本经济带来了沉重打击，一些经济学者开始反思选择性产业政策所带来的不可避免的资源配置扭曲和市场效率损失等后果。从那时起，日本的产业政策开始转向由政府提供对未来产业结构的展望与国内外相关市场信息以及反对垄断等增强市场竞争功能的政策内容，政府开始致力于完善市场制度和增进市场机能，让市场机制充分发挥在资源配置中的奖优罚劣和优胜劣汰作用，从而自动实现产业结构的市场矫正。

鉴于产业政策普遍在东亚国家尤其是日本和韩国经济发展中曾产生的积极作用，我国在 20 世纪 80 年代也开始实施一系列的产业政策。当时我国的产业政策在执行时政府对资源的配置居于主导地位，干预市场和替代市场特征明显，因此属于典型的选择性产业政策。选择性产业政策的实施出于发展中国家可以利用"后发优势"模仿发达国家的产业发展路线，主动推动产业结构快速升级的目的，意在市场经济不够完善的条件下，缩短市场试错时间和降低市场试错成本。进入21世纪之后，我国对产业政策的实施广度与实施力度均有所提高，不仅覆盖产业范围全面扩大，而且政策工具深入产业内部，对产业内特定企业、特定技术甚至是特定产品进行选择性扶持和调控①。从政策工具上来看，市场准入、用地审批、贷款的行政核准等行政性干预手段使用频繁，对市场竞争的限制作用越发强烈。

然而，成功的产业政策要求政府不仅能够在正确的时间挑选出正确的产业，还要具有正确的扶持力度。三个"正确"的同时实现非常困难，因为政府需要对消费者的需求和生产者的供给具有完全而及时的信息，然后做出适度而有效的引导，这种理想状态在现实经济中几乎是不可能实现的。政府不是无所不知的预言家，无法精确地预计未来，由政府来主导资源配置就必然造成效率损失。在市场经济尚未充分发展的条件下，市场竞争的自动调节机制不够完善，调节力度也十分弱小，由市场去"试错"可能会花费很高的经济成本和时间成本。因此对于处在工业化早期且市场经济发展不足的后发国家而言，先行国家的工业化历程似乎让选择性产业政策变得有章可循，新的供给往往也能引致新的需求，从而提升了工业化的发展速度，效率损失是微不足道的。但是对于进入工业化后期且市场经济较为完善的国家而言，产业未来发展方向随各国的条件不同而千差万别，根本不具有可模仿性或可复制性。与市场机制相比，政府做出产业选择所导致的资源配置扭曲可能就会非常严重，潜在经济效率损失也非常巨大。

在我国强选择性产业政策的诱导下，极易出现的一种状况就是产业投资的"潮涌现象"，这与我国制造业企业长期以来面临的现实经济环境有关。在目前的全球化新趋势和国内经济处于调整期的背景下，

---

① 我国的产业政策具体反映在国家发改委公布的产业政策文件、政府五年规划纲要文件中提到的受支持行业。

企业面临三点不利因素：一是人民币长期总体上承担升值压力，给出口企业的产品国际竞争力造成很大影响；二是随着人口红利的减少，企业用工的劳动力成本在不断上升；三是银行贷款的实际利率居高不下，企业融资成本非常高昂。这些不利因素使得制造业企业形成的低盈利预期对税费负担和政策优惠非常敏感，微小的税率、费率上浮都会使企业觉得压力陡增和无利可图，微弱的政策优惠力度都会使企业觉得补贴丰厚而趋之若鹜。在普遍低盈利预期的情况下，理性的企业自身会对未来有前景、有利润的产业出现辨别障碍和选择恐惧。然而，我国的强选择性产业政策对支持产业的优惠力度很大，不仅拨付启动资金，还给予补贴和免税等优惠，导致众多企业对于什么是"好"的产业达成了"共识"。由于政策信息代替市场信息发挥作用，投资将开始像浪潮般一波又一波地涌向政府支持的产业，形成"潮涌现象"。强选择性产业政策诱发的"潮涌现象"其实是企业在高税负和低利润条件下的一种理性行为，因为理性的企业在利润预期普遍较低的条件下都不愿意付出高昂的试错成本而让别的企业"搭便车"。因此，现实是我国制造业企业从一开始就对政府的扶持具有一种"政策寻求"，导致投资容易在短时间内过度集中地涌向产业政策所支持发展的产业，造成"非理性繁荣"。

选择性产业政策诱导下的投资"潮涌"使政策支持产业的产能在短期内快速增大，总体规模却难以控制，在短期有限的消化能力下不仅造成产能过剩的后果，失衡的产业供给结构也会带来企业预料之外的市场环境突变。值得注意的是，当产品生产出来之后必然会有很多企业发现销路并不乐观，或者是由于价格和用途难以被市场所接受，或者是由于新产品的竞争力还不足以超过传统产品，这些风险都是必然存在的。在没有选择性产业政策诱导的市场环境中，理性的企业进入某个产业必然会考虑以上风险，在自身具有创新动力和优势的情况下能够承担"试错成本"。但是在强选择性产业政策的诱导下，企业可能会"误入"相对于自身禀赋而言并不具有发展的比较优势的产业内，或者是形成对自身比较优势显著性的错误研判。这样的后果是，一大批没有创新动力，只是策略性地寻求补贴、免税等低成本环境的制造业企业在激烈的市场竞争中必然不具有什么优势。这些企业的涌入只能造成大量低端同质产品在市场上的泛滥，而它们也会逐渐在市场上丧失盈利能力，依靠持续补贴和贷款免于倒闭退市的则成为僵尸企业。

以我国的光伏产业为例，可以很好地说明选择性产业政策的诱导作用。光伏产业作为战略性新兴产业在我国得到了选择性产业政策所提供的巨额发展优惠，由此诱发投资的"潮涌现象"，导致企业供给无论在质量上还是在数量上都与市场需求形成错配，造成整个产业的供给结构性矛盾。遭遇"经济寒冬"之后，再加上地方政府的资金扶持与救援，最终在产业内爆发了严重的僵尸企业问题。光伏产业链包含晶体硅生产、硅锭制片、光伏电池及组件生产等环节，涵盖信息化学品制造、石墨及碳素制品制造、电子工业专用设备制造等行业。其中，技术密集度最高的是晶体硅的生产提纯环节，因而行业进入门槛较高，我国只有少数几家骨干企业拥有相关技术，而大量企业则涌入了技术要求低且劳动密集度高的光伏电池生产行业，主要靠成本优势占领市场。我国光伏产业于 2004 年开始快速发展，于 2007 年获得光伏电池产量世界第一的地位。如图 4-1 所示，得益于海外市场的需求爆发，我国光伏产业中的僵尸企业负债比例曾于 2008 年降至历史谷底，但随后受到世界金融危机影响，市场对光伏电池的需求锐减，僵尸企业负债比例大幅上升。出于提振经济的目的，我国 2009~2010 年连续通过产业政策大力扶持光伏产业，造成低质量光伏产能的大规模涌入。2011 年海外市场需求虽然再度增长，但也是建立在价格暴跌的基础之上，我国光伏企业也由此自 2012 年开始受到欧美的"双反"调查施压，大量光伏企业依靠政府资金救助和补贴生存[①]，成为僵尸企业。

---

① 以国家发改委 2013 年出台的《关于发挥价格杠杆作用促进光伏产业健康发展的通知》为例，除融资优惠外，对分布式光伏发电仅电价补贴一项就高达每千瓦时 0.42 元。

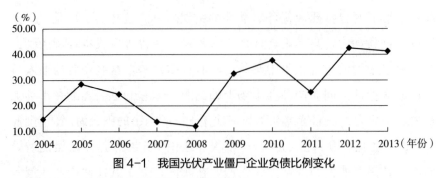

图 4-1　我国光伏产业僵尸企业负债比例变化

资料来源：中国工业企业数据库，笔者计算整理。

　　由此可见，强选择性产业政策在我国企业高负担、低盈利的环境中容易诱发某些产业的"投资潮涌"，导致产业间应有的供给结构平衡被打破。"投资潮涌"造成产业内拥挤，企业间最优生产技术选择竞争加剧，未能采用最优生产技术的企业，其盈利能力以及自生能力被严重削弱。从企业的角度来看，这种情况下产能过剩的产业中必然会出现大量失去自生能力的微观供给主体，最终如果不是惨遭市场清退，就一定是以僵尸企业的形式在市场中苟延残喘。

二、地区间经济增长竞争

　　在长期的需求侧管理模式下，以投资为主要驱动力的地区间经济增长竞争是导致产业供给结构失衡的一个重要原因。由于在短期内简单地以增加投资的方式就可以换取经济增长的"数字"。因此地区间的经济增长竞争主要是一种注重"数量"而非"质量"的竞争，产业间发展的协调性与产业选择的合理性难以受到足够重视，投资就会被集中到容易获取经济增长"绩效"的产业中去，这就给产业供给结构失衡埋下了隐患。具体表现主要是低质量、同类型的低效率重复建设问题严重，而产业的发展却不一定符合当地的比较优势，使一些产业在发展过程中面临重重困难，资源使用效率低下。处于这样产业内的企业生产成本自然相对高昂，在市场竞争中的盈利能力大打折扣，而那些丧失盈利能力的企业就很可能转变为僵尸企业。

分税制下的财政压力是地区间经济增长竞争的主要动机之一。1994 年的分税制改革是我国财政发展史上的一个标志性事件，此次改革的核心内容是对中央与地方的财权与事权的重新划分和调整。平均而言，分税制改革后地方政府财政收入占全国总财政收入的比重由改革前的 80% 左右下降至 45% 左右，而地方政府的支出占全国总财政支出的比重则与改革前的基本一致，有些年份甚至有所上升（吴群和李永乐，2010）。由此可以发现，1994 年分税制改革以财政收入的中央集中为特征，即财权向中央集中，而地方政府财政收入来源明显减少的同时需要承担的支出责任基本不变，出现财权远小于事权的局面，这就导致地方政府普遍面临较大的财政压力。于是在预算外收入受到的控制日益严格以及预算内收入税率既定的条件下，努力促进当地经济增长以扩大税基来补偿被上移的税收收入就成为地方政府在财政压力下的最优策略。

增值税一直是地方政府征收的主要税种之一，在"营改增"之后，增值税超过营业税成为地方政府税收收入最高的税种，因此能够提供较高且稳定的增值税税收收入的产业就容易得到地方政府的青睐，享受地方政府大力度的优惠发展政策。制造业中的一些重化工业产业，比如钢铁、电解铝、煤炭、炼焦、化学原料等产业正符合上述条件：它们属于资本密集型产业，具有投资规模大、建设周期长、产品成交量大、产业链带动力强的特点，能够提供庞大而稳定的税基和税收收入。因此在财政压力的作用下，地方政府具有强烈的动机引导大规模投资向这些产业集中，然而却忽视了产业间发展的协调性与产业选择在当地的合理性。大量的重复建设最终必然导致产能过剩在金属冶炼、石化炼焦、化学原料等产业爆发，造成产业供给结构的严重失衡。尽管如此，由于历年都有近一半的税收收入来自这些产能过剩行业（席鹏辉等，2017），所以地方政府依然具有扶持这些产业维持生存甚至继续扩大对这些产业的投资的意愿。

地区间经济增长竞争的另一个动机是官员"晋升锦标赛"的压力。"晋升锦标赛"是我国现有的以经济增长尤其是 GDP 增长率为核心考核指标的地方政府官员政治晋升机制,它的存在是有原因的。一方面,我国中央政府或者上级政府拥有对下级政府官员的任命权,可以在很大程度上决定下级官员晋升和提拔的具体标准,这种标准一旦制定就会在各级政府之间层层传递下去。由于我国是发展中国家,经济增长仍然是国家治理应当考虑的首要目标之一,所以上级政府必然会将经济增长作为考核下级政府官员政绩的重要参考,影响他们的升迁与否。此外,为了使激励效果明显,考核结果必须使人信服,而考核指标就需要具有客观、明确、易比较的特点。对于经济增长而言,GDP 增长率可能就成为符合上述条件的首要选择。另一方面,对于地方官员而言,在每一次"晋升锦标赛"中,晋升与否对职业前途的影响巨大。因为按照正常的任期计算,个人在职业生涯中晋升机会非常有限。而且,由于晋升职位的限制,"晋升锦标赛"是一种零和博弈,一人的晋升就使他人丧失获取这个职位的机会,这就导致了地方官员愿意为赢得竞赛付出极大的努力,推动本地的经济增长(周黎安,2007)。

为了获取更高的 GDP 增长率,在需求侧直接增加投资是短期内最行之有效的方法。因此,地方政府之间争夺资本资源、竞相扩大投资规模的竞赛就开始了。地方政府往往采取给予各类补贴和降低管制标准的手段,在地区间招商引资的竞赛中获取优势:一方面,投资企业可以获得低息贷款、直接的财政补贴或远低于市场价的工业用地;另一方面,当地政府可能隐性降低环保生产标准和劳动者福利标准,为投资企业提供更为宽松的进入和盈利空间。在这种情况下,不少地方政府应对 GDP 增长率考核指标的做法就是大搞开发区上项目、大搞"政绩工程"和"形象工程",这种资源配置方式与辖区居民的偏好明显背道而驰,自然从一开始就隐含着供需错配的风险。地方政府对企业环保和能耗的要求标准越低,对企业的补贴和扶持力度越大,就越容易吸引来大量的投资,但是这也使地区间的经济增长竞争演变为一种低质量和盲目性竞争。地方政府在一味地关注投资数量的同时，往往严重忽视了投资的质量，蕴含着地区产业市场竞争能力的天然不足，从长期来看必然为僵尸企业问题的爆发带来隐患。

具体而言，虽然财政压力与"晋升锦标赛"压力都能够引起地区间经济增长的竞争，但是两者导致产业供给结构失衡以及诱发僵尸企业问题的作用机制有所不同。一方面，分税制下的财政压力容易诱发地方政府的投资"竞量"型竞争，即专注于在高税收收入产业的投资数量，而忽视产业结构的协调性以及产业发展是否符合地区比较优势。这种竞争的后果就是过度投资产业的产能过剩以及产业长期发展面临的困难。产能过剩背景下的企业产品销售不畅、库存高企，企业间不良竞争加剧，价格战在所难免。产品价格的下降导致企业利润大打折扣，企业盈利能力普遍下降，最终一大批产品同质化严重且质量低下的企业必然丧失盈利能力。另一方面，地方政府官员在"晋升锦标赛"中的压力易于导致地区间投资的"竞次"型竞争，即通过降低当地某个产业进入的质量门槛以达到招商引资的目的。短期来看，政府补贴、优惠贷款、廉价供地和环保能耗管制的放松有利于大量新企业涌入市场，但这些进入市场的企业很可能是低盈利、低技术、高能耗、高污染的企业，它们生产的产品质量低下，市场竞争力不足，市场环境一旦恶化就非常容易丧失盈利能力。

总之，地方政府在财政压力和地方政府官员赢得"晋升锦标赛"的压力下，促进当地经济增长的愿望很强烈，但是也容易导致政府过度干预投资流向的行为。地区间"竞量"型竞争使投资在忽视产业结构协调和当地比较优势的情况下过度集中于某些产业，导致资源配置的严重扭曲，而"竞次"型竞争则进一步强化了这种危害。结果是失衡产业内的企业在短期面临更激烈的竞争环境，在长期具有更多发展条件上的劣势，因此更容易丧失自生能力，在没有外力帮助的情况下就难以在市场上继续存活，这就为该地区行业内僵尸企业问题的爆发创造了条件。

三、国内外宏观经济波动

改革开放以后，我国制造业整体上得到了快速发展，从而使我国顺利步入工业化中后期，但是制造业在发展过程中所面临的来自国内外宏观经济波动的冲击却一刻也没有停止过。正如 1929~1933 年世界性经济危机所带来的长达数十年的大萧条那样，如今宏观经济波动的萧条期也往往由经济危机或金融危机引起，同时成为许多经济问题的诱因，僵尸企业问题也不例外。宏观经济到达低谷的一个显著特征是无处不在的有效需求不足。产品销路不佳导致居民的收入下降，消费需求低迷，从而导致企业的生产规模萎缩，投资需求不足。在经济贸易高度全球化的当今，国外宏观经济波动能够显著引起国内宏观经济波动，外需骤减的同时再加上内需不足，导致企业面临的市场环境变差、竞争程度剧增，原有的比较优势不再明显，产业供给结构失衡的矛盾却突显出来。进而企业整体的盈利空间锐减，大量在市场竞争中处于劣势地位的企业可能由此丧失盈利能力，从而满足了成为僵尸企业的前提条件。

20 世纪 90 年代至今，引起全球宏观经济大幅波动的经济金融危机主要有三次。第一次是 1997 年的亚洲金融风暴，货币急剧贬值导致的混乱从泰国迅速蔓延到整个东南亚，进而波及韩国与日本，我国香港也受到了相当大的冲击。第二次是 2008 年全球金融危机，最初由美国过度的金融创新与自由化，再加上监管机构的监管不力导致了美国次贷危机的爆发，进而大型金融机构的倒闭促成了这场世界性的经济衰退。第三次则是于 2011 年全面爆发的欧洲主权债务危机，起源于政府的债务负担超过自身承受能力所引起的违约风险，在评级机构的推波助澜下愈演愈烈。

从本书第三章的制造业僵尸企业比例变化趋势图中可以发现，我国制造业僵尸企业问题的爆发期与国际宏观经济的波动冲击时期高度吻合。在每次世界性的经济金融危机之后，我国制造业的僵尸企业问题就开始凸显出来，不仅僵尸企业的数量激增，僵尸企业的负债规模也迅速膨胀。国外宏观经济的波动对我国制造业僵尸企业的形成产生如此大影响的主要原因就在于，我国长期以来采取的出口导向型经济增长模式。出口导向型经济增长模式的优点是能够克服工业化过程中国内市场容量不足的限制，通过充分开拓国际市场，使国内生产与国外消费完美对接，从而凭借出口规模扩张实现经济的快速增长。然而出口导向型经济增长模式的缺陷也十分明显，那就是出口国不可避免地形成对国际市场需求的过度依赖，国外宏观经济的波动极易引起国内宏观经济的联动反应，暴露产业供给结构失衡的矛盾，成为僵尸企业问题爆发的催化剂。

我国自20世纪80年代以来开始推行出口导向战略，致力于凭借自身劳动力资源丰裕的比较优势大力发展加工贸易和中低端技术产品一般贸易。一方面，加工贸易是从国外进口原材料和零部件，进行加工和组装后再将制成品出口。由于"微笑曲线"两端利润率较高的研发设计和产品营销环节被国外跨国公司所掌握，我国制造业出口企业就被锁定在产品附加值极低的组装加工环节。这种价值链锁定导致我国制造业企业丧失了对生产产品的控制权和主导权，只能被动地接受生产何种产品，因此只能被动地以产量适应市场，而不能主动地以产品适应市场。从整个价值链看，组装加工环节虽然利润率不高，但是需要的生产设备等固定资产却是最多的。一旦市场需求的规模减少，该部分应对需求变化的调节弹性最差，难以及时调整产能从而导致损失惨重。另一方面，一般贸易的出口产品主要是中低端技术产品，由于科技含量低下所以产品同质化严重，在国际市场上只能凭借低成本取胜。这类企业的利润来源寄希望于能够薄利多销，一旦需求受到较大冲击，企业的盈利乃至生存必然受到挑战。

此外，大多数出口企业赖以为生的低成本竞争优势正在逐步消失。首先，我国所具有的丰裕劳动力比较优势正在弱化。从劳动力的数量上看，我国从2011年开始，劳动年龄人口出现了绝对减少，"用工荒"

现象频发，劳动力供给数量的减少直接导致了劳动力成本的上升。而且随着 2008 年新的《中华人民共和国劳动合同法》的生效，劳动者的权益保障力度得以加强，企业雇员的灵活性下降，低收入者的收入水平得以提高，这也间接提高了劳动力成本。其次，人民币受到很大的升值压力，进口国普遍具有产品价格上涨的预期，替代品寻求倾向严重。最后，企业面临的税收负担依然很重，所获得的出口退税力度却大不如前。综合以上因素的结果就是我国低技术密集度产品的市场份额正在逐渐被越南、孟加拉、印度尼西亚、菲律宾、秘鲁等国夺取，不得不进一步削减利润以提高产品竞争力。在这种情况下，企业的总利润就更取决于总销量，一旦出现经济波动影响需求，则产业链上的相关企业均陷入困境。

与此同时，国内需求的疲软也是制造业僵尸企业问题爆发周期与国际宏观经济波动周期高度吻合的原因之一。由于内需增长动力不足，国内宏观经济增长的对外贸易依存度过高，因此国外宏观经济波动能够显著引起国内宏观经济波动而形成需求冲击传导机制，导致相关产业链上的制造业企业面临内外双重困境。综合以上分析，国内外宏观经济波动尤其是经济金融危机带来的需求冲击暴露和凸显了我国产业供给结构失衡的矛盾，从而诱导制造业僵尸企业问题的爆发。

第二节　制造业僵尸企业形成的内在基础：企业供给质量低下

一、技术创新能力不足

如果说供给质量决定供给对需求的适应程度，那么技术创新则是制造业企业保持和提升供给质量的灵魂之所在，因为创新的价值总是由市场本身来证明的。熊彼特在《经济发展理论》中将创新定义为一种新的、更有效的生产函数的建立，并且进一步将创新大体归结为产品创新、工艺创新、管理创新和营销创新四种创新模式。其中，由于产品创新，市场上的新产品创造了新需求，因此有效供给的增量提高了供给与需求的匹配程度。工艺创新、管理创新和营销创新则是针对生产过程与售卖过程的改进，改善了产品质量，提高了生产效率与销售效率。总之，从表层看，创新能够使企业提高产品质量，保持品牌的知名度和客户的忠诚度，从而获取更高的市场竞争力与对需求变化的适应能力，维持自身作为有效供给的实质；从深层看，创新能够强化企业自身在竞争性市场中比较优势的显著性。

创新带给企业的好处最终都反映在企业的盈利能力上，盈利能力强的企业在开放竞争的市场中的自生能力就强，能够更好地自我应对需求环境的变化。反之，创新能力弱的企业在竞争性的市场中必然难以保持较强的盈利能力，从而具有一种内在的脆弱性，导致这些企业在市场环境的剧变中极易丧失自生能力，成为僵尸企业。表 4-1 为反映正常企业和僵尸企业自生能力特征的指标均值。可以发现，正常企业的创新能力即推出新产品的能力明显强于僵尸企业，创新使这些企业能够在生产经营中维持更低的负债率、承担更少的风险并获取更高的利润。

表 4-1　企业自生能力特征　　　　　　　　　　单位：%

	新产品产值占比	资产负债率	利润率
正常企业	3.42	53.72	13.48
僵尸企业	2.97	77.48	−2.93
差值	0.45***	−23.76***	16.41***

注：*、** 和 *** 分别表示 10%、5% 和 1% 的显著性水平。

资料来源：中国工业企业数据库，笔者计算整理。

我国虽然早已成为制造业大国，但至今仍然没有成为制造业强国，其中一个重要原因就是制造业企业的技术创新能力普遍不足[①]。不仅如此，不同所有制的制造业企业也存在着较大的差异性。一方面，国有企业虽然科技经费支出总额很高，但研发人员人均科技经费远低于民营企业，这说明国有企业科技资源配置存在不合理性，在研发部门也存在冗员严重的问题。另一方面，民营企业的专利申请量虽然远高于国有企业，但专利类型集中于外观专利而非发明专利，与此同时民营企业在新产品产值上也处于落后地位（吴延兵，2014）。以上事实表明，无论是国有制造业企业还是民营制造业企业都存在技术创新不足的问题，长期来看无疑会阻碍供给质量的提升，导致企业的自生能力受到影响，降低了对异变为僵尸企业的"抵抗力"。然而，鉴于国有企业和民营企业中僵尸企业比例的迥异，其背后的原因还需要分别进行讨论。

传统的国有企业是在计划经济的模式下建立起来的，这样的国有企业不仅是作为基层生产单位存在，而且也是党政机关的附属机构，因此国有企业的经营管理主要是执行上级的指令和完成相应的计划。由于雇用什么员工、获取多少经费、原材料从何处购进、生产何种商品、采用何种方法生产直至最后销往何处都由政府机关通过计划指令决定，企业不担心自身会被市场淘汰，也没有增强自身盈利能力的主动权，所以最初的国有企业就既没有动力也没有必要进行技术创新活动。没有技术创新的企业无疑是不具有活力和效率的，这也是国有企业进行改革的初衷之一。

虽然后来我国的国有企业进行了股份制改革，但改制后的国有企业仍然存在诸多不利于技术创新能力提升的因素。首先，国有企业的委托代理问题并没有得到彻底的解决，激励代理人关心企业技术创新能力提升的机制并没有成功建立。2003年国务院国有资产监督管理委员会（国资委）成立之后，国有企业拥有了一个全权履行出资人职责

---

① 我国排名进入世界500强的企业往往凭借的是体量规模而非创新能力，这就是"大而不强"的由来。

的权威机构进行领导与负责，所有者缺位状况得到了相当大程度的改善。但是，由于国有企业的产权性质决定了国有企业的资产是归国家所有而非国资委的部门人员私有，于是新的委托代理问题产生了。国资委乃至下设的国有投资基金公司的部门人员也是国家的代理人，也并不具有像拥有私有产权那样强的激励，去监督和督促企业的经理人进行有利于企业长期发展的创新活动和关心企业的实际技术创新能力。因此，国有企业的国有产权性质决定了国有企业代理人本身可能存在对企业创新的关心激励不足的缺陷。

其次，国有企业的内部人控制行为仍然难以约束，管理人员实现短期个人利益最大化目标与企业建立技术创新长效机制相违背。国有企业领导人的行政级别和所谓的"政商旋转门"始终存在，由于领导者的任命仍然在相当大的程度上通过行政过程决定，因此行政职位晋升就成为他们的首要目标。在职位晋升的激励下，这些管理人员的行为趋向于短期的稳定的经营业绩而避免长期的存在风险的创新活动，个人理性促使他们成为创新风险的厌恶者，竭力规避创新投入可能招致的损失。为了推动企业的发展，他们更倾向于利用政治关联获取补贴或者完全依靠垄断地位取得高额利润，失去了提升企业技术创新能力的动力。

最后，国有企业承担的社会性负担仍然没有消除，稳定经营和控制风险是国企管理者在既定环境下的首要选择。众所周知，我国的国有企业还承担着稳定就业和社会救济等社会性负担，这就导致国有企业面临额外的压力，对创新风险的接受程度降低。长期来看，创新产出低下的企业难以维持显著的比较优势，在竞争性的市场环境中必然自生能力下降，因而在社会性负担重压下的国有企业也更容易形成对软预算约束的依赖，更可能成为僵尸企业。

在我国，民营企业与国有企业创新激励的差异性主要来源于两者产权的差异性。相比于国有企业天然具有的政治关联优势，民营企业的预算约束更为硬化，技术创新就成为民营企业获取市场竞争力的最重要的来源。为了私有财产的保值增值，民营企业天生就拥有比国有企业更强的技术创新激励，因此民营企业理应比国有企业拥有更强的技术创新能力。但是，在市场机制尚不完善的现有条件下，不利因素使得民营企业更多地将创新视为一种策略性行为而难以进行实质性创新，这不可避免地导致了企业发展目标的短视，难以真正掌握有利于企业长远发展的核心科技。平均而言，民营企业相对于国有企业规模较小、资产较少、融资渠道狭窄，尤其是不具有地方政府的隐性担保，所以在信贷获取上存在困难，往往受融资约束较为严重。

创新研发过程是一个周期很长且结果充满不确定性的过程，一旦启动就需要持续稳定的现金流支持，需要雄厚的财力物力予以保障。企业必须能够承担创新研发失败造成的巨额损失，这就要求企业具有相当大的风险承受力。一方面，企业甘愿冒风险进行创新的目的是获取超额利润，即技术垄断利润。然而创新成果本身排他性很弱，再加上我国对知识产权的保护机制尚不完善，容易引起其他企业的复制和模仿。除非是实现了重大尖端技术突破，否则技术创新所带来的超额技术垄断利润很快就会被侵蚀殆尽，进行研发创新的企业不能得到应有的回报。另一方面，创新所需的人力资本相对稀缺，长期以来丰裕的人口红利使我国民营企业已经形成低成本生产的路径依赖，而在需求量巨大的宽松市场环境中，同质化产品也能获取不错的盈利空间，以至于大部分民营企业在技术上追随模仿的"后发优势"大于创新研发的"先发优势"。这样虽然短期来看企业盈利似乎可观，但是长期来看，企业供给质量低下的事实并未改变，对市场需求变化的适应性差，企业的自生能力具有一种内在的脆弱性，加大了企业在市场环境剧变中成为僵尸企业的风险。

二、管理体制问题突出

除技术创新能力不足之外，另一个对我国制造业企业供给质量形成制约的因素是企业管理体制存在诸多问题。企业管理体制问题不仅突出表现在国有企业并未成为真正的市场经营主体上，而且也表现在民营企业的法人治理结构不健全上，这些缺陷容易导致企业的经营决策偏离市场需求导向，或者缺乏长远发展的战略计划。当制造业企业规模较小时，管理体制的不完善可能不至于对企业命运造成决定性影响，某些特定的体制安排反而会起到降低交易成本的作用。但是对于大型制造业企业而言，复杂而庞大的企业组织就需要高度的专业化管理。管理体制上的问题同样会带来企业内在的脆弱性，容易造成企业发展战略的失误，降低企业作为市场微观供给主体的供给质量，乃至在激烈的市场竞争中失败而丧失自生能力。最终，不少大型企业不得不凭借"大而不能倒"的特性博取外力的扶持而成为僵尸企业。

我国国有企业在管理体制上至今未能妥善解决的一个突出问题就是，国有企业还不是真正意义上的、完全的市场经营主体。首先，国有企业在经营管理方面仍然不具有充分的自主决策权，政府部门显性或隐性地干预仍然屡见不鲜。国资委在成立之初曾经将工作重心放在了对大型国有企业的"直接管理"上，这虽然使得过去所有者缺位引发的一系列问题改观许多，但是也出现了越来越多地超越《中华人民共和国公司法》所规定的所有者权限范围的干预行为，对本应交给经营者负责的企业管得过多而且过细，严重限制了企业应有的自主权。例如，许多事情本来可以交由作为市场经营主体的国有企业自行决策，但仍旧不得不通过烦琐与冗长的批准程序上报于国资委等待其集中做出决策反馈。这种决策机制不仅浪费大量时间，容易错失最佳行动时机，而且还对国有企业主动寻求市场机遇的积极性造成伤害。长此以往，国有企业就可能养成事事依赖国资委的不良习惯，形成回避责任的消极情绪，失去了市场主体对机会寻找和风险承担应有的积极性和主动性，自然难以获得良好的经营绩效。

其次，国资委在提高资源配置效率上的工作却显得不足，使国有企业不仅在产业链上游行业形成行政垄断地位，在产业链下游行业的一些竞争性领域也未能及时退出，反而片面追求"做大做强"进行兼并重组。关乎国计民生的基础性领域和公共服务领域是私人资本不愿涉足的领域，国有资本能够充分发挥其优势；但在竞争性领域，国有资本就难以具有私人资本决策灵活的市场导向优势。资源的低效配置不仅导致国有企业自身的经营效益不好，而且对民营企业也存在伤害。例如，山东钢铁并购日照钢铁的案例就反映了亏损国有企业并购盈利民营企业的不当行为①。

最后，国有企业的生产规模扩张缺乏市场需求导向性。2008 年年末推出的"四万亿计划"，按照国家发改委的意向是要取出很大一部分投入生产能力已经出现过剩端倪的钢铁、汽车、造船、石化、轻工、纺织、有色金属、装备制造和电子信息九大产业的国有企业（韦森，2017）。但是，这部分投资显然存在违背国有企业作为市场经营主体进行自主决策的成分。很多国有企业加杠杆仅仅是为了完成任务，而且最终提升企业家信心指数的结果也不尽如人意，反倒使更加严重的产能过剩在日后显现出来，在这些行业形成了大量僵尸企业。

我国民营企业尤其是民营制造业企业多数由个体户发展壮大，或者由中小型国企转变而来，普遍存在现代法人治理结构不完善、不健全的问题。我国民营企业的传统企业制度是家族式企业，在重视以血缘关系为纽带的中华文化环境中，中小规模企业采用家族式管理体制具有节约委托代理成本的优势，因此具有一定的可取之处。但是当企业发展至一定规模以后，现代法人治理结构不健全的缺陷就暴露出来，集中表现在产权不清晰和经营战略的局限性上。一方面，家族企业内部的产权划分往往不够清晰，容易引发家族成员争权夺利的"内乱"，严重影响企业的正确决策，使企业陷入凋敝之中。另一方面，民营企业已经习惯小规模发展时期充当市场的补缺者角色，通过寻找竞争程

---

① 山东钢铁兼并日照钢铁是地方政府发挥强势主导作用进行干预的结果，非市场化的"拉郎配"可能并不利于企业效率的提升。

度相对较低的领域，利用更低成本同质化商品打开市场的策略取得短期发展。当企业具备一定规模之后，现代法人治理结构的缺失导致企业的发展战略选择具有独断性和盲目性，很多民营企业或者选择继续维持原来的"价格战"战略，或者选择仓促进军多个行业的"多元化"战略。这些战略的选择具有强烈的短期逐利性目标特征，但显然无益于其产品市场竞争力的真正提升，对市场需求变化的适应性十分低下，容易导致企业在市场环境趋紧时丧失自生能力，从而走向破产倒闭或者沦为僵尸企业。

三、工匠精神普遍匮乏

"工匠精神"一词首次出现在2016年的《政府工作报告》中，并由此提出我国制造业要培育精益求精的工匠精神，丰富产品的品种、提高产品的品质和创立坚实的品牌。2017年，工匠精神被赋予了更重要的意义：制造业发展要大力弘扬工匠精神，产品制造精益求精，打造更多世界知名的中国品牌，推动中国经济进入质量增长时代。由此可见，工匠精神的核心要义就是精益求精。工匠精神历史悠久，可以追溯到手工业时代的工匠制度中去，例如，庖丁、鲁班就是我国古代优秀工匠的代表。工匠师傅通过口传心授，教给徒弟应当如何"求知造物"，在这个过程中又应当如何"切磋琢磨"，最终实现"道技合一"的高超境界。时至今日，手工业几乎已经被机器工业所完全取代。虽然由机器生产产品具有比手工业高得多的生产效率，但是手工产品在生产时则凝聚了更多人性和心血的成分，每件产品均具有为满足需求而生的特点，这是现代化机器大规模生产所不具备的。当产品市场竞争变得激烈之时，德国、日本等制造业强国所赖以胜出的法宝——产品品质就受到了格外关注，也赋予了高供给质量的现代制造业企业一个新的代名词——工匠精神。

对于制造业从业者而言，工匠精神具体表现为爱岗敬业、耐心执着、甘于奉献、精进不倦的意志；对于制造业企业而言，工匠精神具体表现为制造业企业对所生产产品的高度责任心，在质量层次上追求卓越和完美，精雕细琢，止于至善的企业文化。在制造业产品种类相同的情况下，产品品质就成为制造业企业在开放竞争市场中盈利能力的决定性因素：产品品质好的企业可以获得稳定的市场份额，抵御风险能力强；产品质量差的企业难以保障竞争优势，容易陷入经营危机。因此，工匠精神作为一种内在的企业文化日益成为各国提升制造业企业供给质量的关键所在。然而相比于世界知名的制造业强国，我国制造业企业普遍匮乏工匠精神，这也成为我国制造业企业供给质量低下，不能适应国内外消费者需求日益向中高端转变的发展，这也是容易形成僵尸企业的一个重要原因。

首先，我国制造业缺乏工匠精神体现在企业的质量至上意识差，大多数制造业企业未能形成产品品质是企业核心竞争力的理念。作为工业化的后发国家，我国利用"后发优势"引进大量技术和外资，并取得了制造业生产技术上的快速进步。技术和外资引进作为一种追随策略并不能给后发国家带来绝对的市场竞争力，而且技术排他性很弱，导致企业竞相模仿。当市场上的产品趋同时，企业间竞争的手段只能是降低产品价格，即打价格战，甚至不惜以牺牲质量为代价降低生产成本。然而，依靠降低产品质量低价竞销的手段是一把"双刃剑"，短期内损害的是消费者的利益，长期受害的还是企业自身。在短期内，降低产品质量以减少成本所获取的价格优势是显性的，而消费者由于信息不对称难以迅速做出反应，企业可以通过低价格获得短期市场份额占有。但是在长期，随着收入水平的提高和选择性的增强，消费者的需求由简单的品类需求逐步转向更高级的品质需求，产品品质才是一家企业能够在市场中长久地保持竞争力的根本。

其次，我国制造业缺乏工匠精神中的"精准意识"。当今的精准意识不单单是古代卖油翁"油过铜钱而不沾"的熟练技艺，而是在企业研发、制造、营销、物流、售后各个环节都能够"精准"完成目标的综合实力。具体而言，研发需要与客户零距离沟通，实现针对需求的精准设计；制造需要产品零缺陷出厂，实现针对瑕疵的精准识别；营销需要零库存即产即销，实现针对订单的快速反应；物流需要时间零浪费到达，实现针对效率的极致追求；售后需要提供零投诉服务，实现针对客户的真心关怀。进入互联网时代之后，制造业企业在实现"精准制造"方面，有了更有力的技术支持。但是我国制造业企业信息化水平参差不齐，而且总体缺乏提升"精准"的意识，工匠精神的匮乏与市场需求的变化形成难以调和的矛盾，很多企业"逆市而为"的战略无疑给自身增添了陷入持续亏损、成为僵尸企业的风险。

最后，我国制造业企业也缺乏长期投身于某一个领域并将其做精做强的专注和决心。工匠精神意在专注于某一行业、产品甚至是部件，将其做专做精、做深做透。为了追求利润，很多小企业无法坚守初心，什么能赚钱就做什么，根本不具有匠人精神所倡导的专业与耐心的坚持，投机心理有时甚至吞噬了最基本的对社会的责任心。对于不少大中型企业而言，它们在稍具规模之后就急于进入多个行业，多元化经营不仅造成资金投入的分散，也导致精力投入的分散，无助于企业实施差异化战略并提升产品品质，给企业未来发展埋下隐患。

由于工匠精神的普遍匮乏，我国制造业不仅世界知名品牌少，而且企业平均寿命短，这些都是制造业企业作为供给侧微观市场主体供给质量低下的表现。根据英国知名品牌价值咨询公司 Brand Finance 发布的 2018 年全球最具价值品牌排行榜 500 强中，我国制造业企业仅有华为、中国石油、中国石化、茅台、五粮液、洋河、美的、哈弗、中国中车、伊利、吉利、周大福、海尔、联想、格力、小米、泸州老窖 17 家企业上榜，而且制造业品牌影响力远低于瑞士、德国、美国和日本等制造业强国。

对拥有长寿企业的国家进行排名，结果是工匠精神浓厚的日本占据榜首。日本 260 万家企业中经营超过 100 年而经久不衰的就有 5 万家以上，而我国现存寿命达 150 年以上的老字号企业仅有 5 家，企业平均寿命也与欧美平均水平相去甚远（叶美兰和陈桂香，2016）。对于在后工业化时代很容易出现产能过剩，导致企业举步维艰的家具制造业、金属制品业、造纸及纸制品业等传统制造业行业，日本的秋山木工、及源铸造和本美浓纸等具有强烈工匠精神的企业都是凭借产品精良和品质卓越在激烈的市场竞争中获得了一席之地。这些企业的产品从选材到工序都花费了数倍于普通同类产品的时间和精力，但最终出众的产品品质为企业品牌赢得了宝贵的声誉和忠实的客户，并使企业数十年乃至上百年在市场洪流中保持良好的盈利能力，免于陷入经营和发展的困境。

第三节　制造业僵尸企业形成的本质原因：无效供给无法清除

一、银行提供僵尸信贷支持

当制造业企业丧失自生能力之后，意味着企业自身不借助外部力量的扶持在竞争性的市场环境中就不能获得盈利，此时该企业已经成为一种无效的供给，因为其产品的价值不能被社会所承认。没有盈利能力的企业是无法在市场中生存的，持续的亏损必然使其最终陷入资不抵债的破产状态。然而在外部力量的扶持下，一些丧失自生能力的企业仍然可以在市场中继续存活，这些无效供给无法被市场的作用所淘汰，成为依靠外部"输血"维持生命的僵尸企业。银行提供的"僵尸信贷"就是这种扶持力量中的一种，具体包括为无自生能力的企业提供低于市场正常借贷利率的超低息贷款、在该企业资产负债率已经很高的情况下继续为它提供贷款、将到期贷款展期等。由于企业丧失盈利能力之后资金来源受到严重限制，银行提供的"僵尸信贷"支持就成为无效供给无法清除的最直接的原因。

首先，银行为僵尸企业提供"僵尸信贷"是在受约束条件下自身信贷决策的结果。我国于2009年3月加入了巴塞尔银行监管委员会，成为我国银行业发展史上的一个里程碑。这不仅意味着我国可以参与到国际银行监管标准的制定工作中，而且也必须严格遵守巴塞尔委员会所制定的银行监管规定，即统称为《巴塞尔协议》的一系列文件。银行本质上是一种经营风险的企业，银行经营的好坏与否主要取决于银行内部对风险的控制能力的强弱。理论上可以将银行在经营过程中发生的损失分为两类，即预期损失和意外损失。预期损失是银行在发放贷款前通过贷款金额、违约率、违约损失率的乘积所得出的计算结果，是银行主动计入经营成本之中的部分。意外损失则是银行在预期之外发生的损失，例如，某企业完全无力偿还贷款从而给银行造成的损失超过了银行最初放贷时的预计，这部分损失就必须用银行资本金来弥补。《巴塞尔协议》为了保证每家银行都随时拥有相对充足的资本抵御风险从而保障整个银行体系的稳健性，对银行的资本充足率即资本与信用风险加权资产之比有不低于8%的硬性要求。这个最低资本充足率本身是一个相当高的数字，因此在经济不振、大量企业违约的背景下银行不得不尽一切努力使自身达到这一要求。当企业失去自生能力时，很可能也随之失去了对原贷款合约的履行能力，这样的企业尤其是贷款数额已经十分巨大的企业给银行带来了选择的难题。在宏观经济不景气的背景下大量企业发生信贷违约，银行出于短期内计提资本过多的压力往往不得不做出让步，将一些企业的到期贷款展期，继续发放贷款或者提供超低息贷款以便让它们免于立即破产。于是在这种受迫情况下银行就遭到了绑架，不得不长期持续为一些僵尸企业提供"僵尸信贷"。

其次，银行经理任职期间的个人"理性选择"也是导致银行为僵尸企业提供"僵尸信贷"的原因之一。1998年5月，我国央行根据国际惯例制定了《贷款分类指导原则》，将贷款质量按照贷款人的实际偿还能力分为五级：正常类、关注类、次级类、可疑类和损失类，其中后三种属于不良贷款。丧失盈利能力的企业在市场中难以产生足够的现金流以支付贷款本金和利息，银行信贷被划分为不良贷款的可能性很高，最终甚至发生贷款的大比例损失，导致银行经理的经营业绩遭到严重的负面评价，给自己的职业前途造成不良影响。在宏观经济的低谷期，银行经理为了避免这些被评级为"次级类"和"可疑类"的信贷，在自己的任期内大量集中转变为"损失类"，具有强烈的动机继续向陷入财务危机的企业继续发放信贷或将贷款展期。这保证了该企业能够暂缓上一期的债务压力，避免短期的"双输"；并寄希望于其能够走出困境从而偿还贷款，争取长期的"双赢"。此外，在经济政策不确定性较高的情况下僵尸企业清算收益已经较小，进行贷款展期成本反而不高，更增加了银行信贷人员对于僵尸企业能够在市场环境的大变动中扭亏为盈的希望（张一林和蒲明，2018）。

再次，政府制度安排是银行为僵尸企业提供"僵尸信贷"支持的又一个重要原因。从我国银行体系建立以来，政府一直都存在干预银行尤其是干预国有银行信贷资源配置的行为。1979年改革开放后到1994年，这段时期是我国多元银行体系的形成时期。虽然股份制商业银行已经组建完成并引入了一定的竞争机制，但国有银行仍然在金融行业占据绝对的垄断地位。当时实行信贷配额约束，信贷发放由中国人民银行统一计划安排，而国有银行的主要任务依然是支持国有企业的发展，政府具有相当大的直接干预银行信贷资源配置的权力。在我国多元银行体系的形成时期，国家并没有为银行体系提供大量实际的资本，而是通过国家信用为国有银行提供隐性担保（朱莉妍，2017）。在强大的国家信用担保下，虽然国有银行主导的银行体系没有充裕的资本金抵御风险，但是居民还是愿意将自己的收入大部分存入银行。在政府的安排下，信贷资金主要流向国有企业，甚至持续流向一些亏损的国有企业，客观上居民的高储蓄率为低效国有企业的继续经营提供了支持。由此可见，我国国有银行主导的银行体系倾向于扶持国有企业，并且国有企业中僵尸企业比例高于非国有企业的事实是有着深刻的历史根源的。

1995年第一家城市商业银行的建立标志着我国进入现代银行体系的逐步完善阶段，城市商业银行与股份制商业银行的发展壮大为金融市场带来了一定的竞争机制，各类银行的业务在不同的领域既有重叠也互为补充，有效提高了信贷资源的整体配置效率。一个标志性事件是2004年四大国有银行开始进行股份制改革，这意味着政府不再仅仅依靠国家信用入股国有银行，而是像社会上的其他投资者一样向银行投入实际的资本金。但是尽管如此，政府对国有银行依然处于绝对的控股状态，从而保持着足够的控制力。虽然政府对国有银行隐性的担保依然存在，但是已经不具有过去那样可以直接对信贷资源进行支配的完全权力，政府对银行信贷配置的干预方式也由直接干预转变为间接干预。总体而言，国家控股的国有银行以及与地方政府关系密切的城市商业银行都具有更高的信贷配置被政府干预的可能性，成为所谓"僵尸信贷"的主要投放者。

最后，信贷抵押品抗风险机制的失灵。我国信贷市场尚不完善，借贷双方严重的信息不对称造成的逆向选择和道德风险问题突出。银行为了控制自身在借款人违约之后的实际损失，往往需要企业提供足值的抵押品之后才会发放贷款。在经济不景气的背景下，多数固定资产和金融资产都有价格不断下跌的变化趋势，企业在贷款时所抵押的"足值"抵押品也会随着时间流逝而变得"不足值"。这时，商业银行出于规避风险的考虑，宁愿选择将信贷资源给予具有政府隐性担保的国有企业、房地产企业、政府投资平台企业、地方支柱企业和政策扶持的新兴产业企业。在这个过程中，由于抵押品作为减轻借款人逆向选择和道德风险所产生后果的机制出现了失灵，所以商业银行的信贷投向偏好改变是一种风险替代的理性行为。然而，具有政府隐性担保的企业不一定是经营状况和发展前景良好的企业，商业银行的信贷也可能由此成为"僵尸信贷"，这就不可避免地对僵尸企业的形成起到推波助澜的作用。

二、地方政府"父爱主义"保护

除了上文所述的银行"僵尸信贷"之外，地方政府对于当地企业尤其是国有企业的"父爱主义"保护，也是一些不具有自生能力的企业可以在市场中继续存在的根源之一。"父爱主义"是对于政府和企业之间关系的一种巧妙的类比，用子女在社会上失去收入来源之后父母给予经济援助的情形，来形容当企业在市场上失去盈利能力之后政府对它们的扶持。正如父母对子女的经济援助程度不同，政府对企业的"父爱主义"也具有程度上的差别。完全不具有"父爱主义"成分的经济是不存在的，政府对企业总会或多或少地进行一定程度的干预，或者至少是在某一时刻有选择性地表达"父爱"，例如，世界各国广泛存在的对"大而不能倒"的企业的救助本身也是一种"父爱主义"。在我国，"父爱主义"在政府和国有企业之间的关系中往往表现得更为明显，而且"父爱主义"的表现形式多样化、重叠化，例如，政府担保、税收减免、资源配给甚至是直接的财政补贴都造成了受保护企业的软预算约束。不可避免地，一些亏损的国有企业选择变本加厉地索取庇护，依靠政府的力量避免被市场所淘汰和清退，成为所谓的僵尸企业。

"父爱主义"产生的基础最初来源于产权关系，即国有企业的产权属于国家，而在实际中为各级政府所控制。由于有了天然的产权联系，国有企业的经营状况就进入了政府的效用函数，政府自然会倾向于对国有企业进行扶持和补贴。在过去国有经济占统治地位的环境中，这种关系成为理所应当的，政府的首要任务之一就是促进和保证国有企业的生存和发展。后来民营经济逐渐发展壮大起来，很多民营企业也具有了举足轻重的地位。由于混合所有制企业的蓬勃发展，再加上民营企业对政治关联的主动寻求，当今的"父爱主义"虽然仍然以国有企业为主，但已经大大扩展，与地方政府官员的治理绩效密切相关的企业，如国有企业、房地产企业、政府投资平台企业、地方支柱企业和属于政策扶持的战略性新兴产业企业都成为保护的对象，而在地方政府的直接和间接扶持与救助下所形成的僵尸企业种类和范围也由此得以扩大。

进一步分析可以发现，我国地方政府对当地企业的"父爱主义"背后有着深刻的政治经济学原因。一方面，在现代财政分权体制下，我国地方政府取得了更大的发展自主权和资源配置权，中央政府与地方政府之间形成了实质上的委托—代理关系。另一方面，在以GDP增长为核心的政府官员政治晋升考核机制下，地方政府辖区之间存在一定的竞争关系，这就使地方支柱企业以及大型企业无论国有还是民营都切实影响着政府的效用函数，这意味着地方政府与辖区企业之间也形成一种实质上的委托代理关系。在这种双层委托代理关系之下，中央政府与地方企业之间的信息不对称更加严重。作为委托人，地方政府具有强烈动机激励作为代理人的辖区内企业按照地方政府（地方官员）效用最大化的目标行事。地方政府的效用目标自然反映了地方官员的政绩追求，受任期影响，这种目标往往具有短期性。因此在政策未能实现激励相容的情况下，这就导致地方政府为了激励作为代理人的辖区企业，而采取可能损害中央政府的目标和效用的行动，或者说形成了在信息不对称条件下地方政府短期经济目标和中央政府长期经济目标的矛盾，在形式上表现为地方政府的"父爱主义"，在现实中表现为地方政府通过银行间接提供低息贷款和直接提供政府补贴所产生的僵尸企业信贷和补贴双重软预算约束，见图4-2。

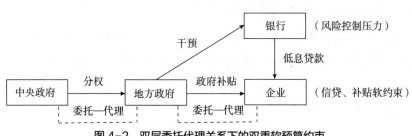

图4-2 双层委托代理关系下的双重软预算约束

资料来源：笔者绘制。

从另一个角度看，地方政府对当地企业的"父爱主义"保护作为一种阻碍市场清退无效供给的力量，其背后是政府与市场、政府与社会的治理边界界定不清晰和不合理的问题。政府的基本职能和作用可以用维护和服务两个词来概括：维护是指政府与市场的关系，政府所应该做的就是维护良好的市场秩序，保障法律法规的严格执行，在市场有效运作时尽可能减少干预，在处理与市场的关系时成为有限政府；服务是指政府与社会的关系，政府需要在市场失灵的公共产品和公共服务领域发挥作用，不是以经济效率最大化和利润最大化为目的，而是从社会整体福利最大化的角度出发建立和完善社会保障、医疗保障等现代公共服务体系，在创造社会福利时成为有为政府。反之，如果在资源配置作用上"重政府"而"轻市场"，则可能会造成资源使用效率低下，形成大量不能满足市场需求的无效供给，衍生出大量丧失自生能力的企业。与此同时，如果在政府主要职能上"重发展"而"轻服务"，则会造成政府让国有企业这样的市场主体，过度弥补公共服务缺口和发挥社会保障作用的不合理情形，造成资源使用效率更加低下，形成无效低效的亏损企业不敢倒和不能倒的困境，只能再由政府继续提供更大力度的扶持和补贴，将它们变为市场上的僵尸企业。

一方面，我国政府与市场的关系处理欠佳，政府的治理边界界定不够清晰。由于政府对市场的干预超出了正常的限度，政府的治理边界并没有得到很好的遵守，这具体表现在三个方面。首先，企业可凭行政垄断获利。政府通过设置行政壁垒控制着制造业上游行业的市场准入，国有企业由此获得了行政垄断地位（靳来群等，2015）。由于不用考虑潜在的市场竞争者，具有行政垄断地位的国有企业可以制定比自然垄断地位更高的价格，不必提升企业效率就可以轻松获取大量的垄断利润[①]。根据《中国国有资产监督管理年鉴》的统计数据，多年来

[①]　现有研究表明国有企业在上游行业往往行政垄断和自然垄断并存，参见刘瑞明和石磊（2011）以及王永进和刘灿雷（2016）。

中央企业一直占据着几乎所有的原油、天然气和乙烯的生产份额，提供了全部的电信服务及其增值服务，而在金属冶炼、化工原料、设备制造、烟草制品等行业也存在超大型的国有企业控制着相当大的市场份额。

其次，国有企业可凭财政补贴补亏。除了上游的垄断性行业，国有企业在下游的竞争性行业如通用设备、专用设备制造业中依然大量存在，在本应由民营经济发挥效率优势的领域"与民争利"，挤压民营企业的生存空间。由于产权性质差异，国有企业难以具有如民营企业那样强烈的创新提效的积极性。因此，平均而言，竞争性行业的国有企业竞争力总是相对较弱，容易在与民营企业的市场竞争中落败而陷入亏损。但是在竞争性领域立足的国有企业往往都是依靠政府的财政补贴和政策倾斜弥补亏损和劣势，形成不公平的市场竞争局面。

最后，国有企业可获得隐性担保贷款。在国有商业银行为主导、城市商业银行覆盖广的金融体系中，地方政府具有干预信贷资源配置的基础和能力。因此，即使陷入生产经营的困境，国有企业也可以凭借政治关联与隐性担保获得银行信贷，免于被市场淘汰。由此可见，政府与市场的边界不清造成了资源配置效率的低下，成为无效低效供给产生并存续的重要原因。

另一方面，我国政府与社会的关系处理欠佳，政府的治理责任履行仍未到位。在现代市场经济制度下，政府本应当在市场失灵的公共物品和公共服务领域填补空白，起到增进社会福利的作用。然而，我国政府职能仍然过分倚重经济发展，对公共服务的重视程度不足。在医疗卫生支出方面，根据世界卫生组织的统计数据，我国国家财政医疗卫生支出占 GDP 比重在 2009 年之前始终低于 1%，而至今这一数字也未达到 2%，处于世界各国排名的最末梯队。在社会保障和就业方面，根据世界银行的统计数据，发达国家社会保障和就业支出占财政总支出的比重一般维持在 30%~50%，而我国近十年来这一数字始终保持在 10% 左右，远低于发达国家的平均水平。正因为政府在医疗社保方面的公共服务提供不到位，于是不得不让市场来弥补公共服务缺口和发挥社会保障作用。例如，地方政府以"稳就业"的名义通过财政补贴和低息贷款扶持一些无法盈利的大型国有企业和地方支柱企业使它们免于倒闭。可以发现，地方政府对当地企业"父爱主义"的保护，实质上是将本应注重生产效率的企业在一定程度上当作了社会保障制度的替代品，而这种政府职能缺位和企业职能错位的后果必然造成大量资源源源不断地流向"父爱主义"庇护下的僵尸企业，以资源错配为代价维持着它们的生存。

三、市场低效退出机制阻碍

正如企业进入市场时需要达到一定的标准，企业退出市场的程序也需要遵循相应的规范。丧失自生能力的制造业企业无法不依靠外部扶持力量独立在竞争性的市场中盈利，既然作为无效供给已经难以创造被社会所承认的价值，那么就应当遵守以相关法律为核心的退出机制，安定有序地退出市场，将占用的生产资源释放出来以分配到资源利用更有效率的地方。从广义的角度看，企业市场退出机制也是一种制度安排。按照新制度经济学的解释，制度是一系列被制定出来的行为规则、法律程序和道德规范，它旨在约束追求利益最大化的个人行为，并且提供激励，是集体行动对个体行动的约束或解放（卢现祥和朱巧玲，2012）。

作为一种制度必然有制度效率的衡量，而制度效率的衡量是由交易成本的节约程度决定的，一种制度安排能够节约的时间成本和货币成本越多，就说明该制度的效率越高。因此，高效的企业市场退出机制应当具有普适性、及时性和稳定性，使市场上的企业和投资者形成稳定的预期，市场退出作为企业经营失败的惩罚是真实可信的，这才能够对企业经营者抱有机会主义的侥幸心理形成制约，激励他们采纳有利于长远发展的稳健经营模式。反之，如果企业市场退出机制效率低下，那么市场中无效供给的清退过程必然需要耗费大量的时间成本和货币成本，对这些个体的退出产生负激励作用。由此可见，企业市场退出机制的运行效率高低就直接关系到市场中无效供给的清退阻力大小，进而对僵尸企业问题的严重程度产生影响。

我国的企业市场退出机制以2006年颁布的《中华人民共和国企业破产法》为核心，其所构建的一系列重整、和解与清算程序是陷入困境的企业正式退出市场的主要法律途径。然而，多年来《中华人民共和国企业破产法》的立法预期与司法实践存在着较大差距。根据最高人民法院工作报告中提供的数据，《中华人民共和国企业破产法》自实施以来我国破产结案数量从2007年的4000余件不升反降至2017年的3373件，这自然不是由于企业的供给质量相比十余年前有了巨大的提高。平均而言，我国企业通过破产程序退出市场的比例仅有全部企业的万分之一，而世界发达国家的这一数据则随着企业数量的增多而呈现稳定的增长。由此可见，问题的根源是我国的《中华人民共和国企业破产法》实施效果不佳，而导致其应有作用未能充分发挥的因素至今仍然难以完全消除。

首先，行政干预广泛存在。大型国有企业、地方支柱企业和战略性新兴产业类企业等能够为地方政府带来税收、就业和经济增长的明显支撑，对于当地社会稳定和官员政绩评定也有着重要影响。因此，地方政府拥有规避和拖延该类企业陷入困境后走上破产清算之路的动机。更为重要的是，《中华人民共和国企业破产法》的法规内容本身也为政府行政干预提供了机会与可能，例如，在政府有关部门给予担保和帮助清偿债务的条件下企业就可以免于破产（张钦昱，2016）。

其次，自身程序架构繁杂。企业注销手段烦琐、破产程序冗长、费用代价高昂是当前《中华人民共和国企业破产法》的三大弊病。最初破产程序的启动就需要大笔资金，而从诉讼立案到法院结案平均需要2~3年的时间，许多企业在金钱上耗不起，在时间上等不起，不得不放弃这条法律途径。

再次，相关配套制度束缚。银行的坏账核销制度决定了贷款豁免需要向总行层层上报，影响了总体程序的执行效率。税务征收制度则要求企业在破产前必须出具清税证明方能办理注销手续，而往往巨大的欠税数额导致企业在清税这一关上望而却步。

最后，专门审理机构缺失。为合理审理破产案件，法官不仅需要精通公司法和诉讼法，而且需要兼备经济学、社会学和心理学等多学科的知识，专业性要求很高。但是，我国不仅缺失专门审理破产案件的破产法院，而且也不具有真正意义上的破产审判庭，破产案件审理过程中纠纷不断，审判效率自然难以提高。以上因素客观上对僵尸企业的及时退市形成了一定的阻碍。

对于上市公司而言，退市机制的执行效率似乎更加低下，这是由于《中华人民共和国证券法》《中华人民共和国公司法》等相关法律法规的规定尚不完善所导致的。以《中华人民共和国证券法》为例，其退市标准走向两个极端，或者过于模糊导致缺乏约束力和实际可操作性，或者过于简洁导致存在漏洞容易被规避，这也是我国经济法普遍存在的问题。例如，《中华人民共和国证券法》（2014年修正）第五十五条规定了上市公司暂停股票上市交易的条件是公司存在重大违法行为，而重大违法行为是一种模糊的标准，其界定具有很强的主观性，因而难以真正形成有效的约束力。此外，《中华人民共和国证券法》规定，如果企业连续三年亏损则暂停上市交易，第四年仍不能盈利则强制退市。于是，很多面临被"ST"的企业就踏起了"二一二"的步伐，即通过会计准则操纵盈余实现"两年巨亏一年微利"的周期循环，利用法规漏洞避免了被强制退市的命运。此外一个需要注意的现象是，我国上市公司"壳"资源稀缺，由于吸收社会资本能力强大，因此地方政府常常主动出手帮助其进行"保壳"。这是因为我国实行严格的审核制，一家企业上市过程繁、门槛高，上市公司的身份即"壳"本身就具有很高的价值。由于上市公司可以有效地吸收社会资本为当地经济发展做出贡献，地方政府通过政府补贴和担保贷款为面临退市的亏损上市公司"保壳"的现象屡见不鲜。由此可见，上市公司即使已经成为无效供给，其退市之路依然阻力重重，低效的退市机制实际上起到了对僵尸企业问题的恶化推波助澜的作用。

本章小结

　　本章基于供给侧视角从理论上分析了我国制造业僵尸企业的形成机理，是对僵尸企业问题本质的一个理论概括，并且为后续解决我国制造业僵尸企业问题的对策提出提供了理论依据。本章的论述从制造业僵尸企业形成的外部诱因、内在基础和本质原因三个方面展开。首先，产业供给结构失衡的外部环境对僵尸企业的形成具有诱导作用。其次，企业作为微观供给主体自身供给质量低下是沦为僵尸企业的内在基础和必要条件。最后，丧失盈利能力的企业作为无效供给无法被市场的力量所清退成为僵尸企业产生和存续的根本原因。

第五章

我国制造业僵尸企业对供求匹配的影响：基于出口规模的实证检验与分析

作为我国实体经济的支柱，制造业的景气状况主要取决于实物产品供给与需求的匹配程度。供求匹配程度高的实质是既没有出现严重的供过于求，也没有出现严重的供不应求。供过于求意味着产能过剩的存在，一部分供给成为了无效供给，原因多是供给在"质"上无法达到需求的标准；供不应求则意味着有效供给的产能相对不足，一部分需求无法得到满足，原因多是供给在"量"上未能生产充足。然而无论是以上何种情况存在，最终都表现为交易规模的下降。因此，在其他因素不变的情况下，考察僵尸企业比例变化对实际交易规模的作用就可以分析其对供求匹配造成的影响。由于我国频繁采用各项政策以强力刺激内需的方式提振经济，外部需求变化相比于内部需求变化对于我国制造业僵尸企业问题而言具有更高的外生性，所以本章基于企业出口规模这个供求匹配所实现的交易量，对制造业僵尸企业在供给侧的危害作用进行一系列实证检验和相关分析，以期得到我国处理僵尸企业问题合理方式的经验证据支持。

第一节　理论分析与研究假设

一、出口规模挤出效应分析

　　僵尸企业自身在市场中已经丧失独立盈利能力，生产经营往往处于严重亏损状态，理应退出市场为正常企业让出占用的生产资源与发展机会，却依靠银行信贷和政府补贴等外部力量的支持而没有被市场所清退。从供给侧的角度来看，如果将制造业僵尸企业抽象成一个个生产函数，可以发现大量生产要素因此保持在无效或低效利用状态，而无法配置到生产效率更高的地方。

　　制造业僵尸企业作为存在于实体产品供给侧的不良供给成分，在银行和政府的扶持下苟延残喘，不仅自身内部存在资源使用效率低下的问题，而且其对有限资源如黑洞般的吸收以及对市场正常竞争秩序的破坏都产生了严重的外溢效应，将不良影响的作用范围"溢出"至正常企业。不难想象，僵尸企业外溢效应的存在恶化了正常企业的生产经营环境和生存发展条件，削弱了正常企业作为供给主体从而主动适应外部需求变化的能力，可能深刻影响到正常企业的产出供给与外部需求的匹配程度，具体就表现为僵尸企业对正常企业的出口规模产生挤出效应。

　　出于生产经营的需要，企业仅仅依靠将上期利润投入下期生产计划的内源性融资方式往往不能满足扩大再生产的要求，同样也难以支撑创新研发计划的顺利实施，因此必须借助于外源性融资的帮助。然而在我国金融市场长期发展滞后的背景下，制造业企业尤其是中小型企业的外源性融资方式明显缺乏多样性。由于以发行股票、公司债为主要形式的直接融资方式存在门槛相对较高，公众信任度不足的诸多缺陷，所以在融资数量和广度上并不成为主流选择。相比较而言，我国具有居民储蓄率高、银行分布广、贷款手续相对简易的优势，于是以银行信贷为主的间接融资方式就成为我国制造业企业最主要的外源性融资渠道，获取银行信贷的难度往往决定企业面临的融资约束程度。

僵尸企业对正常企业的外溢影响在很大程度上来源于其最重要的特征：吸收了大量的信贷资源和政府补贴却不产生经济效益，如同不断吞噬资金的无底黑洞。在资源总量一定的情况下，僵尸企业对信贷资源和政府补贴的侵占意味着其他企业可以获取的资源数量减少，同时获取资源的难度相对提高，客观上造成了外部融资环境恶化的后果，使更多的制造业企业在生产活动中面临更加严重的融资约束问题。

众多理论和实证研究表明，企业的出口供求匹配即实现出口规模扩张也如同实现内销规模扩张一样需要大量外部融资的支持。与内销相比，一方面，企业在出口过程中要付出更大的可变成本以覆盖在远程运输、海关关税、异地销售等环节的支出，企业需要充足的资金在满足产能之后保障商品流通在这些环节的畅通无阻。另一方面，由于面临来自国际市场上的更为广泛而激烈的竞争，企业在巨大的竞争压力之下也需要更多的资金进行创新研发和技术升级，以不断提高产品的国际竞争力和应对国际市场需求的快速变化。由于新产品的研发创新活动是一种风险高、周期长、投入大的系统性试错行为，在企业理性的选择下，融资约束就不可避免地对企业研发投入具有抑制效应（张杰等，2012）。因此，出口企业更加依赖于外部融资渠道的畅通和融资环境的宽松。信贷约束是决定企业出口额的一个重要因素（李志远和余淼杰，2013），而信贷约束造成的融资约束会带来企业出口额的下降（Manova，2013；刘海洋等，2013）。

由此可见，僵尸企业的增多意味着更多的信贷资源被挤占，严重恶化了其他企业的外部融资环境，融资约束问题的加剧导致出口企业一方面难以投入足够多的可变成本以满足需求的"量"，另一方面又难以支付保持市场竞争力所需的转型升级成本以增加产品的"质"。此外，僵尸企业由于获得了银行或政府等外部力量的扶持，生产经营成本远低于正常市场竞争状态下的非僵尸企业，因此往往能够通过低价策略争夺市场份额，大幅压缩了其他企业的利润空间和创新包容度，导致产品供给质量提升速度缓慢，难以及时适应需求的变化，大大削弱正常企业作为供给主体适应外部需求变化的能力。综上所述，僵尸企业的增多可能影响到产出供给与外部需求的匹配程度，使正常企业的出口规模扩张受到抑制，即产生出口规模挤出效应，因此提出以下假说：

假说 1：僵尸企业的比例越高，对非僵尸出口企业的出口规模挤出效应越强。

二、企业所有制异质性分析

僵尸企业由于获得大量银行信贷和政府补贴，从而挤占了正常企业可获取的资源，加剧了它们面临的融资约束问题，再加上僵尸企业低价倾销的消极市场策略，不仅恶化了正常企业的融资环境，也破坏了正常的市场竞争秩序，不利于有效供给的增量提质，从而对供给和需求的匹配产生负面影响。尽管从整体上分析，僵尸企业可能会对非僵尸出口企业的出口规模产生挤出效应，但是从企业所有制异质性上细分，不同所有制企业的出口规模所受僵尸企业的外溢影响可能不尽相同。

众所周知，我国的国有企业相比于非国有企业而言，与政府之间的关系尤为密切，从而在客观上能够享受到更多来自政府的"父爱主义"。政府对企业的所谓"父爱主义"产生根源是产权关系，即国有企业资产为国家所有，在实际中由中央和各地方政府的国资委进行管理。由于存在天然的产权从属关系，政府可以在一定程度上干预国有企业的行为，因而国有企业的生产经营状况也就内生化为政府效用函数中的一部分。在分税制改革后形成的地方财政压力和地方官员参与"晋升锦标赛"的压力之下，地方政府积极进行地区间经济增长竞争和努力维护本地区社会稳定。从企业性质来看，国有企业平均规模较大，一举一动都会对当地重要经济指标产生很大的影响，而且国有企业仍然背负着一定的政策性负担和社会性负担。因此，国有企业对当地的人员就业、产值创造和财政税收贡献巨大，地方政府自然会倾向于为国有企业的生存发展创造有利条件，如提供融资便利以及财政补贴。

国有企业拥有融资上的便利与我国以国有银行为主导、以城市银行为补充的银行体系是密不可分的。我国银行体系自建立起至今，政府始终具有坚实的干预银行尤其是干预国有银行信贷资源配置的基础。过去国家虽然没有直接为银行体系提供大量实际的货币资本，但实际上凭借国家信用为国有银行提供了濒临破产则必定救助的隐性担保，形成国家以自身信用入股银行的局面。在强大的国家信用担保下，虽然以国有银行为主导的银行体系没有充裕的资本金抵御风险，但是居民还是愿意将自己的收入大部分存入银行。在国有银行完成股份制改革之后，政府不再仅仅依靠国家信用入股国有银行，而是向银行投入了实际的资本金作为国有资本。在这种情况下，政府对国有银行依然处于绝对的控股状态，国有资本对整个银行业资本的控制力也有所增强。虽然政府对国有银行隐性的担保依然存在，但是已经不具有过去那样可以直接对信贷资源进行支配的完全权力，政府对银行信贷资源配置的干预方式也由直接干预转变为间接干预。与此同时，地方政府广泛入股参股的城市商业银行在各地迅速兴起，成为服务当地中小企业融资的主力军。总体而言，国家控股的国有银行以及与地方政府关系密切的城市商业银行都具有更高的信贷配置被政府干预的基础，信贷投放天然倾向于国有企业。

除此之外，国有企业也具有政府隐性担保这个非国有企业所不具有的优势。由于我国信贷市场发育尚不完善，借贷双方在严重信息不对称条件下的逆选择和道德风险问题频发。银行为了减轻借款人违约造成的损失往往需要借款人提供特定种类的足值抵押品，但是这一要求往往难以满足，迫使银行不得不做出让步。而且，当经济处于下行通道时，大多数固定资产和金融资产的价格都具有持续下跌趋势，当企业真正破产清算时当初"足值"的抵押品也会在市场中变得"廉价"，企业的破产清算就成为银行唯恐避之不及的情况。因此，具有政府隐性担保的国有企业就成为商业银行在同等条件下的次优选择和风险替代的理性行为之下的受益者。

平均而言相比于国有企业，非国有企业的融资过程则往往要艰难得多，而获取的政府补贴数额也难以与国有企业相提并论。在申请银行信贷的过程中，非国有企业尤其是中小型非国有企业普遍遭受严重的所有制歧视，面临相对苛刻的贷款条件，比如更高的贷款利息率、更多的抵押品提供和更可靠的担保等，在外部融资环境恶化时就更加难以获取银行信贷，使融资约束困境雪上加霜。因此相对于非国有企业，国有企业资源约束较松，产出供给对外部需求的匹配程度受融资约束影响较小，因而出口规模可能较少受由僵尸企业引起的融资约束影响，于是提出以下假说：

假说 2：僵尸企业对非僵尸出口企业的出口规模挤出效应在国有企业中并不明显，而对非国有企业影响显著。

第二节　研究设计

一、样本选择与数据来源

本章使用的企业样本数据来自 1998~2013 年中国规模以上工业企业数据库。作为中国国家统计局进行企业调查数据收集而成的大型微观数据库，其具有样本覆盖广以及企业指标众多的优点。由于中国工业企业数据库平均每年都能够囊括中国工业企业销售额的 90% 以上（聂辉华等，2016），因此能够较为准确地反映出制造业僵尸企业的实际情况。相比之下，制造业企业能够实现上市的毕竟是少数，上市公司在微观性质上也与非上市公司存在较大的系统性差异，采用上市公司数据则存在代表性不足的问题。综上，本书也遵循现有多数文献的做法，采用中国工业企业数据库数据研究我国制造业僵尸企业问题。

然而中国工业企业数据库在建立过程中也存在一些样本数据的录入错误，本书按照处理惯例去除异常样本：①重要财务指标缺失，如主营业务收入、就业人数、固定资产净值等。②违背会计准则，如总资产小于流动资产、总资产小于固定资产净值、总产值为负、固定资产合计为负、增加值为负等。③剔除就业人数小于8人的企业样本以及西藏的企业样本数据。为了消除极端值的影响，保证回归结果的可靠性，对存在极端值的连续变量进行双边0.1%的Winsorize缩尾处理。此外，省份层面的变量数据来自历年《中国统计年鉴》。本书所有数据处理和相关回归分析全部基于Stata13软件完成。

考虑到存在随年份变化而不随个体变化的因素如汇率等带来的影响，即年份固定效应，本书在回归时加入了年份虚拟变量。此外，制造业各个行业的一些特质也会随着时间的变化发生改变，从而对回归结果产生影响。为了更好地捕捉这种影响，本书也在回归方程中加入行业乘年份的虚拟变量予以控制。由于国民经济行业分类标准分别在2002年和2011年进行过两次修订，细致分类行业四位码有所改变，而总体分类行业二位码没有变动，因此实证分析中采用总体分类二位码来控制行业固定效应，具体的制造业代码行业对应如表5-1所示：

表5-1 制造业代码行业对应

代码	行业	代码	行业
13	农副食品加工业	18	纺织服装、鞋、帽制造业
14	食品制造业	19	皮革、毛皮、羽绒及其制品业
15	饮料制造业	20	木材加工及木、竹、藤等制品业
16	烟草制品业	21	家具制造业
17	纺织业	22	造纸及纸制品业

代码	行业	代码	行业
23	印刷业和记录媒介的复制	33	有色金属冶炼及压延加工业
24	文教体育用品制造业	34	金属制品业
25	石油加工、炼焦及核燃料加工业	35	通用设备制造业
26	化学原料及化学制品制造业	36	专用设备制造业
27	医药制造业	37	交通运输设备制造业
28	化学纤维制造业	39	电气机械及器材制造业
29	橡胶制品业	40	通信设备、计算机及其他电子设备制造业
30	塑料制品业	41	仪器仪表及文化、办公用机械制造业
31	非金属矿物制品业	42	工艺品及其他制造业
32	黑色金属冶炼及压延加工业	43	废弃资源和废旧材料回收加工业

二、模型设定与变量说明

在理想的市场状态下，制造业僵尸企业本来应当被竞争机制迅速淘汰出局，却凭借银行和政府提供的补贴或者持续的信贷资源供给实现"僵而不死"的状态。这些企业在自身不产生经济效益的同时，还减少了其他正常企业可以获得的经济资源以及融资机会，对市场秩序也具有相当的破坏作用，结果是外部融资环境的恶化导致更多企业面临融资约束，限制有效供给的提质增量，提高了供给的"质"和"量"与需求的匹配难度，从而导致出口规模扩张受到抑制。本章首先检验省份僵尸企业比例的提高是否导致了对非僵尸企业出口规模的挤出效应，模型设计如下：

$$lnexp_{ip\,t} = \alpha + \beta\,Zombie_{pt} + \gamma\,C_{ipt} + \delta_1 D_i + \delta_2 D_t + \delta_3 D_r \times D_t + \varepsilon_{ipt} \quad (5\text{-}1)$$

其中，下标 i 表示企业，p 表示省份，t 表示年份，r 表示行业。因变量 lnexp 为企业出口规模，用出口交货值取自然对数获得。

核心解释变量 Zombie 是以负债份额为权重计算的企业所在省份的僵尸企业比例。僵尸企业的识别方法如本书第三章所述。为了减少犯识别不足错误的概率以便于对僵尸企业问题导致的负面影响做及时充分的评估，本书沿用 FN-CHK 识别法的标准取 n=1，即在企业进入"僵尸状态"的当年就将其识别为僵尸企业，而将 n 取 2 作为更严格的识别标准放在稳健性检验中。

公式中的 C 是包含一系列控制变量的组合，包括省份层面的对数人均 GDP（lnpgdp）和企业层面的对数固定资产（lnfix）、对数企业年龄（lnage）、新产品产值占比（Ino）、利润率的对数值（lnpro）以及对数人均资本强度（lnkl）。人均 GDP 反映了以经济发展水平和基础设施建设水平为主的地区间差异；固定资产的数额用以反映企业规模大小；企业年龄也是决定企业特质的重要因素；新产品占比反映了企业的产品创新水平和能力；利润率作为企业生产效率和销售效率的综合体现；人均资本强度则反映了一家企业的资本密集度，是生产技术选择的体现。具体变量定义和计算方法见表 5-2。

表 5-2 变量定义

变量类型	变量符号	变量名称	变量定义
被解释变量	lnexp	出口规模	ln（企业出口交货值）
解释变量	Zombie	僵尸企业比例	以负债为权重计算的省份僵尸企业比例
	lnpgdp	人均 GDP	ln（省份 GDP/ 地区人口）
	lnfix	固定资产	ln（企业固定资产合计）
	lnage	企业年龄	ln（当期年份 – 企业创办年份 +1）
	Ino	新产品产值占比	新产品产值 / 总产值
	lnpro	利润率	ln（营业利润 / 资产总计）
	lnkl	人均资本强度	ln（资产总计 / 从业人数）

此外，D_i 为企业固定效应；D_t 为年份固定效应，用以控制总体政策和市场环境。由于行业随时间变化的经济特征可能对结果产生影响，本书在回归方程中加入两位数行业 × 年份固定效应（$D_r \times D_t$）予以控制。

基于制造业非僵尸企业的面板数据，僵尸企业比例的系数 β 反映了僵尸企业对其他企业的外溢影响。如果该系数显著为负，说明僵企业对正常企业的出口规模具有挤出效应，从而检验假说1。因为企业所有制的差别，不同所有制的正常企业出口规模所受僵尸企业的外溢影响可能存在差异。本书进一步在国有企业和非国有企业样本中进行回归，根据结果来检验假说2。

第三节　实证检验

一、描述性统计

本章涉及的主要变量描述性统计如表5-3所示。虽然样本总量十分巨大，但实际进行出口的制造业企业样本仅占样本总数的23.8%左右，由此可见我国较高的对外贸易依存度是建立在少数大型出口制造业企业的基础之上的。并且个体间出口规模差异巨大，最小值为0而最大值达到19.044，平均值为9.560，说明总体而言我国制造业企业出口规模庞大。

表5-3　变量的描述性统计

变量	样本量	均值	标准差	最小值	最大值
lnexp	836815	9.560	1.893	0	19.044
Zombie	3511946	0.247	0.125	0	0.812
lnpgdp	3511946	0.953	0.695	−1.376	2.284
lnfix	3511889	8.597	1.762	0	19.011
lnage	3500432	2.011	0.812	0	4.419
lno	2051689	0.031	0.142	0	1.000
lnpro	2656350	−2.948	1.683	−14.482	8.493
lnkl	3201212	5.082	1.134	−6.292	15.870

以负债份额为权重计算的各省份僵尸企业比例的平均值为0.247，有的省份在僵尸企业问题爆发时这一指标最高达到了0.812，说明僵尸

企业杠杆率急剧攀升，资源错配问题已经十分严重，外部融资环境与市场竞争秩序恶化，最终增大了产出供给与外部需求的匹配难度，可能对正常企业的出口规模产生巨大的不良影响。

从其他控制变量来看，样本中企业新产品产值占比、企业年龄和企业人均资本强度的波动相对不大，而固定资产规模以及利润率的波动程度相对而言要大很多，说明制造业企业间固定资产规模以及最终实现利润的能力参差不齐，差距较大。

二、回归结果分析

基于制造业非僵尸企业样本的固定效应模型回归结果如表 5-4 所示，其中奇数列是控制了企业固定效应和年份固定效应的回归结果，偶数列是控制了企业固定效应、年份固定效应和行业 × 年份固定效应的回归结果。从前两列结果可以看出，省份僵尸企业比例对当地非僵尸企业出口规模的影响显著为负，即省份僵尸企业的比例越高，对当地非僵尸出口企业的出口规模挤出效应越强。第（1）列回归结果显示，平均而言，省份僵尸企业比例每提高十个百分点，省份内非僵尸企业的出口规模下降 2.20%，该结果具有 1% 显著性水平上的显著性。加入行业 × 年份固定效应的第（2）列回归结果则显示，省份僵尸企业比例平均每提高十个百分点，省份内非僵尸企业的出口规模下降 1.19%，该结果具有 5% 显著性水平上的显著性。第（1）、第（2）列的回归结果都表明僵尸企业的比例越高，对非僵尸出口企业的出口规模挤出效应越强。由此可知，假说 1 得到支持。

表5-4 僵尸企业对非僵尸企业的出口规模挤出效应: 基准回归与所有制异质性影响

变量	全样本		国有企业		非国有企业	
	（1）	（2）	（3）	（4）	（5）	（6）
Zombie	-0.220*** （0.053）	-0.119** （0.054）	-0.148 （0.201）	-0.080 （0.197）	-0.166*** （0.055）	-0.094* （0.056）

续表

变量	全样本		国有企业		非国有企业	
	（1）	（2）	（3）	（4）	（5）	（6）
lnpgdp	0.357*** （0.060）	0.447*** （0.060）	0.242 （0.236）	0.320 （0.231）	0.381*** （0.061）	0.461*** （0.062）
lnfix	0.267*** （0.004）	0.262*** （0.004）	0.367*** （0.032）	0.349*** （0.031）	0.262*** （0.004）	0.257*** （0.004）
lnage	0.100*** （0.008）	0.107*** （0.008）	0.071** （0.030）	0.067** （0.029）	0.109*** （0.008）	0.113*** （0.008）
Ino	0.155*** （0.018）	0.142*** （0.018）	0.104 （0.075）	0.057 （0.073）	0.151*** （0.019）	0.141*** （0.018）
lnpro	0.143*** （0.003）	0.141*** （0.002）	0.100*** （0.012）	0.091*** （0.012）	0.147*** （0.003）	0.146*** （0.003）
lnkl	-0.034*** （0.006）	-0.032*** （0.006）	-0.029 （0.042）	-0.063 （0.041）	-0.034*** （0.006）	-0.030*** （0.006）
企业效应	Yes	Yes	Yes	Yes	Yes	Yes
年份效应	Yes	Yes	Yes	Yes	Yes	Yes
行业 × 年份	No	Yes	No	Yes	No	Yes
组内 R^2	0.185	0.197	0.165	0.222	0.188	0.198
样本量	330794	330794	24039	24039	306755	306755

注：*、** 和 *** 分别表示 10%、5% 和 1% 的显著性水平，括号内为聚类稳健标准误。

其他控制变量的符号也比较符合预期：人均 GDP（lnpgdp）的系数为正，说明位于经济强省的企业出口更多；固定资产（lnfix）的系数为正，说明规模越大的企业出口越多；企业年龄（lnage）的系数为正，说明创立时期长、品牌历史久的企业出口更多；新产品产值占比（Ino）的系数为正，说明创新能力越强的企业出口越多；利润率（lnpro）的系数为正，说明利润率越高的企业更能够将生产能力转化为盈利能力，出口也更多。此外，人均资本强度（lnkl）的系数为负，与企业出口规模呈显著负相关，一个可能的解释是我国制造业企业出口扩张依靠劳动力资源比较优势，仍然以劳动密集型生产技术生产，产品也以劳动密集型产品为主。

由于国有企业在资源获取方面相比非国有企业拥有巨大的优势，所以不同所有制企业所受僵尸企业的外溢影响可能不尽相同。区分国有企业和非国有企业异质性影响的回归结果如表 5-4 后四列所示，分别采用非僵尸企业中的国有企业子样本和非国有企业子样本进行估计。从第（3）、第（4）列中可以看到，僵尸企业比例（Zombie）的系数虽然为负，但是并不显著。这说明省份僵尸企业比例的增加对当地国有非僵尸企业出口规模的影响虽然是负向的，但作用并不明显，说明僵尸企业并没有对国有非僵尸企业的出口规模产生显著的挤出效应，国有企业的所有制优势致使它们较少受融资约束的限制可能是这一现象背后的原因。

可以发现，非国有企业的出口规模则受到僵尸企业的显著负向影响。第（5）、第（6）列的回归结果显示省份僵尸企业比例（Zombie）前的回归系数均显著为负，这就表示僵尸企业的外溢效应确实影响到非国有企业的供求匹配，具体体现为省份僵尸企业比例的增加会导致当地非国有正常企业的出口规模萎缩。综合以上回归结果来看，出口规模挤出效应的主要承担者是非国有出口企业。由此可知，假说 2 得到支持。

第四节　政府干预作用的进一步分析

一、理论分析与研究假设

与国外相关文献在研究僵尸企业问题时主要考虑银行与企业之间非正常的借贷关系不同，研究我国制造业僵尸企业问题时需要特别考虑政府干预的因素。虽然自改革开放以来，政府对资源的分配作用总体上呈减弱趋势，逐渐将配置资源的决定性作用交给了市场，但是政府对资源配置的直接或间接干预依然不时出现，与我国的僵尸企业问题存在着千丝万缕的联系。从我国制造业僵尸企业面临的软预算约束根源来看，不仅仅是政府给予的直接财政补贴，甚至银行发放给僵尸企业的低息贷款和给予的贷款展期等非正常银企借贷关系也往往是政府干预作用的结果。在这种情况下，政府干预能力和干预程度的大小就与僵尸企业的边际影响密切相关，这是进一步研究我国制造业僵尸企业危害和寻求解决策略的重要环节。

从我国现有的银行体系来看，由于国有银行拥有庞大的资本规模以及受到国家信誉的隐性担保，因此在我国的银行业中始终占据着主导地位。同时，国有银行处于国家的绝对控股状态，其高层管理者也由政府任命，承担着支持国家发展战略实施的任务，而非仅仅追求商业上的利润最大化目标。另外，各地地方政府广泛入股城市商业银行，近年来各地城市商业银行如雨后春笋般地成长和发展，也为地方政府扶持当地企业提供了大量信贷资源。总之，我国以国有银行为主导，城市商业银行为补充的银行体系为地方政府提供了干预信贷配置的坚实基础，成为政府干预作用存在的前提条件。

一方面，在分税制改革之后，财权向中央集中，地方政府财政收入来源明显减少的同时仍需要承担与原来相同甚至更多的支出责任，很容易出现财权与事权不匹配的局面，结果就使地方政府普遍面临较大的财政压力。为了保障庞大的税基长期存在以获得稳定的税收收入，地方政府具有强烈的动机引导信贷资金流向当地大型支柱企业以及受到国家政策支持的新兴产业类企业，千方百计地提供融资便利，帮助它们扩大生产规模。另一方面，地方官员的"晋升锦标赛"模式也提供了一种干预激励。在"晋升锦标赛"的压力之下，大型企业的破产倒闭不仅会明显地增加当地的经济增长与社会稳定压力，也会对任职官员的政绩评价带来严重负面影响，给个人仕途升迁带来不利因素。因此地方政府具有强烈的动机和足够的能力干预信贷配置、扶持相关企业，以实现增加财政收入、保障人员就业、维护社会稳定等政策性目标（纪志宏等，2014）。于是在财政压力与"晋升锦标赛"压力的双重激励下，地方政府干预信贷资源配置的出发点既包含"救急"又包含"救穷"，不可避免地导致大量信贷资源实际上都流向了被从死亡线上"救回"的僵尸企业。

那么，政府对经济的干预能力和干预程度如何衡量呢？从地方政府的行为和异质性角度看，政府而非市场进行经济资源分配的比重越高、政企合谋状况越严重以及政府机构规模越庞大，说明政府对企业及银行体系的干预能力和干预程度可能越大，导致的信贷资源错配后果越严重，使僵尸企业在此环境下的不良影响越明显。首先，政府通过财政支出分配经济资源的比重越高，表明更多的经济资源是以实现政府战略目标而非创造经济效益为前提进行配置的，在竞争性领域本该由市场去配置的资源就会减少，其中必然伴随着资源配置效率降低的可能性。例如，政府动用财政资源直接向某些企业提供补贴，受补贴的企业在市场中不一定是具有高效率的，而有可能是低效或无效的微观供给主体，这自然就导致了资源错配和效率损失。其次，政企合谋状况越严重，表明生产性企业可能失去对创新研发的兴趣与耐心，转而倾向于花费更多时间与政府部门建立政治关联以获取地方政府的政策支持和融资担保。这在本质上是一种非生产性寻租行为，企业寻租行为的盛行而非生产效率的提高将导致信贷资源及其他经济资源更容易流向那些包括僵尸企业在内的具有政治关联的企业。最后，庞大的政府规模体现了强大的政府影响力，使政府从对银行的隐性担保中获得了更大的信贷支配能力，相对削弱了市场的资源配置能力，可能会加剧信贷资源配置的扭曲程度。

综上所述，政府干预的结果往往与资源利用效率的提升相背离：既然政府具有坚实的干预基础和强烈的干预动机，那么政府的干预能力越强、程度越高，僵尸企业可能因此而占有的资源越多，正常企业面临的外部融资环境越差从而市场融资越受限，供给质量越难以提升，最终不利于供给与需求的匹配，反映为僵尸企业造成的出口规模挤出效应也越严重。因此，本书提出以下假说：

假说 3a：政府分配经济资源比重越高，僵尸企业对非僵尸出口企业的出口规模挤出效应越强。

假说 3b：政企合谋越严重，僵尸企业对非僵尸出口企业的出口规模挤出效应越强。

假说 3c：政府规模越大，僵尸企业对非僵尸出口企业的出口规模挤出效应越强。

二、实证检验

考虑到政府干预程度的提高可能会加剧信贷资源配置的扭曲程度，进一步恶化正常企业的外部融资环境，加剧僵尸企业的出口规模挤出效应，设定如下带有交互项的调节效应方程进行检验：

$$\ln exp_{ipt} = \alpha + \beta_1 Index_{pt} \times Zombie_{pt} + \beta_2 Zombie_{pt} + \beta_3 Index_{pt} + \gamma C_{ipt} + \varepsilon_{ipt}$$

$$（5-2）$$

其中，Index 为反映政府干预程度的指数，根据樊纲等（2010）与王小鲁等（2017）的《中国市场化指数》中的三个分项指数：市场分配经济资源比重、减少政府对企业干预、缩小政府规模取相反数得到，作为从政府分配经济资源比重、政企合谋与政府规模三方面衡量政府干预能力和程度的代理变量[①]。干预指数越大说明干预程度越高，在回归中分别记作 IndexA、IndexI 和 IndexS。具体变量定义和计算方法列入变量定义表 5-5 中，其余变量含义与上文相同。

表 5-5　变量定义

变量类型	变量符号	变量名称	变量定义
解释变量	IndexA	政府分配资源指数	财政支出占 GDP 比重
	IndexI	政企合谋指数	企业管理者与政府机关打交道时间比重
	IndexS	政府规模指数	公共管理和社会组织年底职工人数比重

---

① 本书将两个报告指数的基期年份进行了统一换算，部分缺失值用插值法补齐。

基于非僵尸企业的面板数据，通过引入干预指数和僵尸企业比例的交互项来检验政府干预程度的提高是否加剧僵尸企业的出口规模挤出效应，如果交互项系数 β_1 都显著为负，则表明政府干预程度更高的地区僵尸企业的边际外溢影响更大，造成了更严重的出口规模挤出效应，说明假说 3a、假说 3b 和假说 3c 成立。

表 5-6　变量的描述性统计

变量	样本量	均值	标准差	最小值	最大值
IndexA	3511946	-8.649	1.703	-13.450	0.050
IndexI	3511946	-6.432	3.026	-16.120	3.700
IndexS	3511946	-5.756	1.925	-10.560	4.060

三项指数的描述性统计如表 5-6 所示，从标准差可以看出，其中政企合谋指数的波动程度明显大于政府分配资源指数以及政府规模指数，说明政企合谋的程度在地区间差异较大，而政府分配经济资源情况以及政府机构的规模在地区间的差异性相对较小。

由于地方政府普遍具有干预信贷资源配置和提供各类补贴以扶持当地企业的强烈动机，所以地方政府的干预能力在相当程度上就决定了政府干预程度。在政府干预程度高的地区，市场扭曲程度被放大，信贷资源更难以通过市场机制按照效率优先的原则进行分配，也难以实现资源再分配的纠错机制。在这种情况下，稀缺经济资源大量流向僵尸企业，其他企业面临更严重的金融抑制，从而更难实现有效供给的提质增量以扩大出口规模。为检验政府干预因素的影响，从政府分配经济资源比重、政企合谋与政府规模三方面衡量政府干预能力和程度，在基准回归中加入干预指数与省份僵尸企业的交互项以考察政府干预因素的调节效应，基于制造业非僵尸企业样本的回归结果如表 5-7 所示。

表5-7　僵尸企业对非僵尸企业的出口规模挤出效应：政府干预因素的影响

变量	（1）	（2）	（3）	（4）	（5）	（6）
IndexA × Zombie	-0.089***	-0.059***				
	（0.020）	（0.020）				
IndexA	0.033***	0.023***				
	（0.008）	（0.008）				
IndexI × Zombie			-0.055***	-0.042***		
			（0.012）	（0.012）		
IndexI			0.019***	0.014***		
			（0.004）	（0.004）		
IndexS × Zombie					-0.048***	-0.046***
					（0.018）	（0.018）
IndexS					0.019***	0.019***
					（0.007）	（0.007）
Zombie	-1.021***	-0.652***	-0.429***	-0.293***	-0.561***	-0.451***
	（0.191）	（0.190）	（0.081）	（0.082）	（0.129）	（0.128）
lnpgdp	0.406***	0.478***	0.376***	0.464***	0.331***	0.417***
	（0.061）	（0.061）	（0.060）	（0.060）	（0.061）	（0.061）
lnfix	0.267***	0.262***	0.267***	0.262***	0.267***	0.261***
	（0.004）	（0.004）	（0.004）	（0.004）	（0.004）	（0.004）
lnage	0.100***	0.107***	0.101***	0.108***	0.100***	0.107***
	（0.008）	（0.008）	（0.008）	（0.008）	（0.008）	（0.008）
lno	0.152***	0.141***	0.155***	0.142***	0.152***	0.140***
	（0.018）	（0.018）	（0.018）	（0.018）	（0.018）	（0.018）
lnpro	0.143***	0.141***	0.142***	0.141***	0.143***	0.142***
	（0.003）	（0.002）	（0.003）	（0.002）	（0.003）	（0.003）
lnkl	-0.034***	-0.033***	-0.035***	-0.033***	-0.034***	-0.033***
	（0.006）	（0.006）	（0.006）	（0.006）	（0.006）	（0.006）
企业效应	Yes	Yes	Yes	Yes	Yes	Yes
年份效应	Yes	Yes	Yes	Yes	Yes	Yes
行业 × 年份	No	Yes	No	Yes	No	Yes
组内 R^2	0.185	0.197	0.185	0.197	0.185	0.197
样本量	330794	330794	330794	330794	330794	330794

注：*、** 和 *** 分别表示 10%、5% 和 1% 的显著性水平，括号内为聚类稳健标准误。

从表5-7的回归结果中可以看到，第（1）至第（6）列中政府干预指数与僵尸企业比例的交互项系数均为负而且高度显著。这个估计结果表明，政府分配经济资源比重越高、政企合谋越严重以及政府规模越大，僵尸企业对非僵尸出口企业的出口规模挤出效应越强，于是假说3a、假说3b和假说3c得到验证。与此同时，回归结果也再一次证明了僵尸企业反映的市场扭曲会造成正常出口企业的出口规模受到抑制。

可以发现，政府的干预实际上对供给与需求的匹配产生了负面作用，这具体体现在两个方面。一方面，政府干预加剧资源错配。政府干预的出发点是实现政府自身的发展战略，由于信息不完全而往往与效率最大化的原则相违背，从而不可避免地造成资源错配，并在现有的基础上强化资源错配。大量稀缺的经济资源不能及时充分地分配到为市场所需的产能中去，反而大量流入已经或即将被市场淘汰的产能，结果只能是有效供给难以增加，无效供给无法退出市场甚至规模还在扩大。另一方面，政府干预抑制体制机制完善。政府仍然在干预竞争性领域的资源配置，不仅难以调好结构，更不利于完善市场环境。政府对微观经济的过度干预分散了其本应投入市场运行环境建设的注意力，从而在为企业提供公平有序的市场环境以及平等公正的法制环境上的努力不足。因此，从长远来看政府的直接干预可能并不利于从根本上解决僵尸企业问题，更不能改善供给与需求的匹配，依靠市场自发作用才是清退僵尸企业的最优途径。政府则应当减少过多过细的干预，致力于为市场的运作提供更好的条件。

第五节　稳健性检验

一、改变僵尸企业识别的严苛度

在整个样本期间，有些制造业企业仅仅在某一年份被识别为僵尸企业，而在下一年又恢复正常，成为所谓的"一次性僵尸企业"。这种企业可能只是暂时存在经营管理不善的情况，或者仅仅是因为受到了短期冲击的影响而表现出僵尸企业的特征，仍然具有经济活力，能够再次恢复正常，因此只能归类为一种"准僵尸企业"。为了稳健性考虑，减少犯过度识别的错误，本书提高僵尸企业识别的严苛度，将僵尸企业识别标准中的持续时间增大，以识别出在市场上存续时间更久、僵尸特征更明显的僵尸企业。

聂辉华等（2016）针对这种情况的可能性提出了人大国发院标准，加入时间持续因素进行修正，认为如果某企业在 t-1 期和 t 期都被识别为僵尸企业，才能将该企业在 t 期认定为僵尸企业，即相当于本书提出的识别方法中持续时间标准的 n 取 2。下文也采用这种更为严格的识别标准作为稳健性检验，以负债份额为权重计算的每年各省份僵尸企业比例记为 Zombie2。

表 5-8 的第（1）列和第（2）列汇报了该回归结果，可以看到该变量的回归系数均显著为负而且其绝对值要比表 5-4 中的基准回归更大。平均而言，省份僵尸企业比例每提高十个百分点，省份内非僵尸企业的出口规模下降 3.8%~5.1%。该回归结果表明僵尸企业的识别标准越严格，被识别出的企业所具有的僵尸企业特征就越明显。这样的僵尸企业比例越高，意味着资源的错配越严重，对非僵尸出口企业出口规模的挤出效应也更加显著。这就更加稳健地证明了僵尸企业外溢效应的存在确实恶化了正常企业的经营与融资环境，对正常企业的产出供给与外部需求的匹配程度产生了不良影响。

表 5-8　稳健性检验

变量	（1）	（2）	（3）	（4）	（5）	（6）
Zombie			-0.138*** （0.037）	-0.131** （0.064）	-0.468* （0.250）	-0.478* （0.251）
Zombie2	-0.507*** （0.078）	-0.378*** （0.079）				

续表

变量	（1）	（2）	（3）	（4）	（5）	（6）
lnpgdp	0.343***	0.432***	0.566***	-0.114**	0.589***	0.595***
	（0.061）	（0.061）	（0.009）	（0.058）	（0.097）	（0.097）
lnfix	0.263***	0.258***	0.497***	0.480***	0.235***	0.234***
	（0.004）	（0.004）	（0.002）	（0.002）	（0.008）	（0.008）
lnage	0.106***	0.114***	-0.055***	-0.018***	-0.006	-0.006
	（0.008）	（0.008）	（0.004）	（0.004）	（0.016）	（0.016）
lno	0.169***	0.158***	-0.264***	-0.061***	0.174***	0.173***
	（0.017）	（0.017）	（0.017）	（0.016）	（0.028）	（0.028）
lnpro	0.129***	0.127***	0.135***	0.173***	0.147***	0.147***
	（0.002）	（0.002）	（0.002）	（0.002）	（0.005）	（0.005）
lnkl	-0.045***	-0.044***	-0.279***	-0.122***	-0.030***	-0.030***
	（0.005）	（0.005）	（0.003）	（0.003）	（0.010）	（0.010）
企业效应	Yes	Yes	No	No	Yes	Yes
行业效应	No	No	No	Yes	No	Yes
省份效应	No	No	No	Yes	No	Yes
年份效应	Yes	Yes	Yes	Yes	Yes	Yes
行业 × 年份	No	Yes	No	No	No	No
R^2	0.172	0.183	/	/	0.129	0.130
样本量	334595	334595	330794	330794	87693	87693

注：*、** 和 *** 分别表示 10%、5% 和 1% 的显著性水平，括号内为聚类稳健标准误。

二、选择性偏差问题的处理

在进行实证研究的过程中，如果样本的选择是非随机的，则直接采用普通最小二乘法的回归结果可能因此出现数值上的偏差，称为选择性偏差。在研究僵尸企业对非僵尸出口企业的出口规模挤出效应时，需要采用制造业企业的出口交货值数据，但是由于样本中存在大量贸易量为 0 的非出口企业，使用企业出口额的对数值会将这些数据样本直接剔除，形成样本选择的非随机性，有可能带来结论上的偏误。

鉴于企业出口数据实质上是在 0 处存在左边断尾的特征，因此本

书借鉴张国峰等（2016）的做法，对所有企业的出口额（包括0）加1
后取对数，并采用Truncreg模型（断尾回归模型）进行回归，回归结
果如表5-8第（3）列和第（4）列所示。可以看到，省份僵尸企业比
例的系数在控制一系列固定效应的情况下也均为负而且显著程度很高。
平均而言，省份僵尸企业比例每提高十个百分点，省份内非僵尸企业
的出口规模下降1.31%左右。检验结论和原基准回归的发现一致：僵
尸企业的存在对非僵尸出口企业产生了出口规模挤出效应。

三、内生性问题的处理

作为核心解释变量，省份僵尸企业比例可能与其他未控制的影响
被解释变量的因素相关从而产生内生性问题。与此同时，反向因果也
有可能导致内生性问题。因此，本书参考谭语嫣等（2017）的方法，
采用前一年各省的国有企业份额与全国国有企业资产负债率的乘积构
建省份僵尸企业比例的工具变量。在本书的面板工具变量回归中，以
上述构造变量的连续两期滞后作为工具变量，不可识别检验与过度识
别检验显示工具变量的选择同时满足有效性和外生性。采用面板工具
变量法的回归结果如表5-8第（5）列和第（6）列所示。平均而言，
省份僵尸企业比例每提高十个百分点，省份内非僵尸企业的出口规模
下降4.68%左右。由此可见考虑内生性问题后，基准回归结果的结论
并未发生改变，本章得出的结论是稳健的。

本章小结

本章基于中国工业企业数据库中的企业出口规模数据实证检验了
制造业僵尸企业对供求匹配的影响，并且进一步分析了政府干预因素

在僵尸企业问题中所起的作用。实证结果发现：僵尸企业的比例越高，对非僵尸出口企业的出口规模挤出效应越强。从企业所有制的差异性上看，僵尸企业对非僵尸出口企业的出口规模挤出效应在国有企业中并不明显，而对非国有企业影响显著。从政府干预程度与能力上看，政府分配经济资源比重越高，政企合谋越严重，政府规模越大，则僵尸企业对非僵尸出口企业的出口规模挤出效应越强。

本章的结果说明，首先，僵尸企业所带来的资源错配与市场扭曲侵占了正常企业可获取的资源，加剧了它们面临的融资约束问题，再加上僵尸企业作为无效供给对正常市场竞争秩序的破坏，阻碍了有效供给的增量提质。由于正常企业作为供给主体适应外部需求变化的能力被削弱，从而造成供给和需求的错配加剧，即表现为僵尸企业对非僵尸出口企业的出口规模产生挤出效应。

其次，国有企业由于所有制优势，在我国具有银行信贷融资和政府优惠补贴的双重优势，因此所受僵尸企业的不良影响并不显著。由此可见，解决僵尸企业问题不仅事关供给侧结构性改革的成效，而且是为我国民营经济发展提供良好环境的重要环节。

最后，政府的干预实际上对供给与需求的匹配产生了负面作用，这是由于政府职能在资源分配中的越位和制度建设中的缺位所导致的。政府直接干预并不利于解决我国制造业僵尸企业问题，政府干预也不能改善供给与需求的匹配程度，依靠市场自发作用才是清退僵尸企业的最优途径。因此政府应当减少对资源分配的过多过细干预，而致力于为市场的运作提供更好的条件。

第六章

僵尸企业问题处理的国际经验与启示

我国并非是存在严重僵尸企业问题的特例。早在 20 世纪 90 年代，泡沫经济的突然破灭使日本一蹶不振，亚洲金融危机的爆发也使韩国深受其害。日本与韩国都是典型的经历过二元经济发展时期的国家，其经济中曾经存在或者至今仍然存在的问题与我国经济中存在的问题具有一定程度的相似性，能够为我国提供良好的处理僵尸企业问题的国际经验与启示①。本章首先描述了日本泡沫经济破灭之后僵尸企业问题恶化的经济背景，并且分析了主银行制度在其中所起的作用。其次，1997 年亚洲金融危机的爆发导致韩国长期以来的财阀经济神话终止，政商裙带关系也成为其僵尸企业问题的制度根源。最后，本章根据日本和韩国这两个东亚模式代表国家处理僵尸企业问题的实践，从中得到相应的启示。

第一节　日本的僵尸企业问题

一、日本僵尸企业问题的经济背景

以 1987 年 10 月纽约股市暴跌为开端，美国经历了连续数年的经

---

① 事实上，除我国之外大量进行僵尸企业问题研究的也主要是日本和韩国的学者。

济衰退，美元也开始持续贬值。受到高出口依存度的制约，为了避免日元相对于美元的过快升值，日本央行不得不大幅调低再贴现率，这个举措虽然抵消了可能给出口带来的不良影响，但是也在日本国内释放出了大量流动性。短时间内大量的游资涌向地产市场与证券市场，引起了土地价格与股票价格的快速持续上涨。在人们趋势性心理预期的作用下，投机的动机逐渐占了上风，土地和股票的价格都被越炒越高，极大地背离了它们的真实价值，导致一片繁荣景象的背后存在着越积越大的经济泡沫。作为人们手中的主要资产，土地与股票的价格持续飙升的同时也不可避免地形成了一种资产增值效应。一方面，人们持有的资产大幅增值，感到自己拥有的财富增加了，因此会变得"舍得"花钱，过度消费行为不仅导致总消费量激增，还引起高端消费品的供不应求。另一方面，土地与建筑是重要的不动产抵押品，它们的大幅增值导致金融机构的融资活动变得频繁而激进，经济中的信贷总量发生爆炸式增长，与此同时，获得资金的企业产能得以迅速扩张。在这种情况下，20世纪90年代初日本前所未有的繁荣景象掩盖了背后泡沫经济的危机。

随着企业产能的不断扩张，劳动力短缺的现象开始大范围出现，工资的上涨引发成本推动型通货膨胀。为了抑制日益严重的通胀势头，日本央行只能大幅提高再贴现率，这"一剂猛药"却猛然戳破了积蓄已久的经济泡沫，土地和股票价格由上涨转向暴跌。与经济繁荣期相反，资产贬值效应开始显现。一方面，人们持有的资产大幅缩水，消费意愿与消费能力大打折扣，总需求迅速降温。另一方面，随着消费需求的下降，以往在生产设备上的过度投资成为企业的困扰，供给端的产能过剩开始凸显，过去适应高端需求的供给如今反而无人问津。供求匹配矛盾使大量企业陷入持续亏损的经营困境，银行不得不对它们施以援手，通过信贷上的各种优惠维持它们的存活，僵尸企业问题的严重程度在这个时期到达了顶峰，日本也经历了整个90年代的经济低迷期。

反思 20 世纪 90 年代日本经济在泡沫破灭后的长期低迷，可以发现三个政策性失误导致了这个结果。首先是政府的过度积极政策导致了土地泡沫的产生。自 20 世纪 80 年代开始，日本政府就热切期盼把东京建成国际金融大都市。在一系列相关政策的诱导下，东京开始大力建办公写字楼，临近地区则开始大建修养度假区，人们普遍预期地价将会飞涨，于是纷纷投入房地产行业，共同刺激了房地产行业的泡沫迅速膨胀。其次是央行的货币宽松政策导致了股市泡沫的产生。为避免日元过快升值，日本央行在 1987 年 2 月将官定利率由 5% 直接降为 2.5%（冯昭奎，2015）。被折半的利率带着明显的宽松信号释放出空前庞大的流动性涌向股市，不仅给股市带来巨大泡沫，还引发了经济过热，为产能过剩埋下伏笔。最后是央行消除泡沫操之过急。在土地市场和股票市场泡沫蕴藏巨大风险的情况下，日本央行突然而猛烈的货币紧缩政策明显操之过急过猛，导致宏观经济发生典型的"硬着陆"，企业经营状况急转直下，金融机构坏账堆积。

二、日本僵尸企业问题的制度根源

在经济泡沫破灭之后，日本经济形势迅速由过热转变为过冷，曾经占 GDP 半壁江山以上的民间需求萎靡不振，不仅商品库存高企，生产设备投资也趋于停滞，企业经营效益受到重创。在严重萧条的宏观经济背景下，很多企业亏损严重，虽然面临即将倒闭的风险，但是却始终能够得到银行的救助，凭借信贷方面的各种优惠在市场中存活了很久，成为所谓的"僵尸企业"。而导致银行普遍对濒危企业施以援手的制度根源则是日本由来已久的主银行制度。

所谓"主银行"是对主要往来银行的简称，顾名思义是某个企业最主要的信贷资金供给银行与业务结算银行。最重要的是，主银行通常也是该企业的最大股东，并与企业相互持股。正是由于银行与企业之间保持的这种长期而紧密的往来关系，其中双方的权利与义务得到双方的默认，从而逐渐制度化为主银行制度（赵旭梅，2004）。日本主银行制度具有以下四个特点：第一，某个企业的主银行在该企业所有融资对象中提供的信贷金额最大，这是主银行制度表面上的定量特征。第二，某企业的主银行一般是该企业最大的股东且与企业相互持股，尽管受到银行持股比例的限制，但由于银行稳定持有企业股份因而成为企业最大股东。第三，主银行派遣人员在企业中担任重要职务，这有助于主银行从企业内部获取真实经营状况，减少了信息不对称，便于银企之间的交易顺利完成。第四，当企业因经营不善陷入困境时，由主银行出面协调各交易银行与企业的关系。一方面，通过减免信贷利息、延长还款期限、继续追加贷款等方式减轻企业在短期内承受的过高流动性压力，防止企业倒闭带来无法挽回的损失。另一方面，则积极参与指导企业的重建工作，谋求企业能够扭亏为盈、起死回生。

主银行制度之所以能够在一段较长时期中稳定存在，是因为这是在金融市场不发达的背景下，企业与银行共同选择的"共生"结果。对于企业而言，经济高速增长期的规模扩张需要大量资金支持，企业的内部资金往往不足以支撑企业的快速发展。然而，当时日本的企业外部融资渠道并没有很多选择。发行公司债券的融资方式仅被官方授权于电力、铁路等垄断行业的大型企业，为数众多的普通企业则无法通过该方式进行融资；发行股票受到票面金额固定与上缴税费高昂的双重限制，不仅融资数额少而且融资成本高，在当时也没有成为主流的融资方式。因此，通过银行信贷融资就成为当时大多数企业几乎唯一的选择。当企业与某家特定的银行建立主银行关系之后，可以在长期保持稳定的信贷资金获取，有利于企业长期发展规划的制定和实施。对于银行而言，当时极其严格的金融管制导致银行的主要盈利来源只能是存贷利差，吸收发展中的大中型企业作为稳定和长期的存贷款客户就成为银行降低信息不对称带来的交易费用、增加利润率的良好选择。总之，在当时金融市场尚不发达，对金融机构经营范围存在诸多限制与对利率存在严格管制的条件下，主银行制度实为银行与企业之间互相依存、"抱团取暖"的不得已的选择。虽然在一定的时期内发挥了支持企业快速发展与扩张的积极作用，但是主银行制度的缺陷与弊端在 20 世纪 90 年代日本经济泡沫破灭之后的萧条环境中迅速表现出来。

当由于经营策略失败或者受到外部冲击而陷入持续亏损濒临倒闭的境地时，企业会主动求助于主银行，而主银行往往也会不遗余力地施以援手对企业进行救助，救助方式包括贷款展期、利息减免、追加贷款等。尽管对濒危企业的救助会给银行带来很大损失，甚至长期的救助行为可能将银行也一并拖垮，但是主银行仍然愿意以为企业"输血"的方式维持它们在市场中的存续，而竭力避免客户企业倒闭。正因为如此，20 世纪 90 年代日本经济泡沫破灭之后主银行制度的存在成为僵尸企业问题恶化的罪魁祸首，导致这种非正常银企关系的原因主要有以下两点。

第一，这涉及主银行的声誉问题。一方面，主银行会救助陷入困境的企业已经成为社会共识，主银行对企业的救助行动受到其他企业的密切关注。如果主银行迅速抛弃了经营业绩恶化的企业客户，那么该银行其他身处顺境的企业客户就会"居安思危"，选择另一家救助企业的"好声誉"银行作为自己的主银行，并把业务全面转向该银行。这会导致"坏声誉"的银行优质客户与业务量急剧下降，这在以存贷利差为主要盈利来源的当时是无法容忍的。另一方面，主银行实际上还承担着监督和部分管理企业经营的责任，二者的紧密联系使破产企业的主银行也难辞其咎。显然，如果客户企业倒闭破产就说明主银行的监督能力与债权管理能力低下，这导致主银行在业界的声誉受损，容易失去其他银行的合作信任度。

第二，这是由于主银行对企业的所有权关系。前文已经提到，企业的主银行通常是该企业的最大股东，银行大量持有客户企业的股份不仅使企业避免了被外部投资者恶意收购的威胁，更使得银行作为企业所有者可以广泛接触企业内部决策活动，作为"内部人"很好地执行监督职能。然而一旦宏观经济形势急转直下，企业陷入持续亏损的经营困境，在主银行制度下，银行对企业的这种所有权关系将导致银行被企业"绑架"，只能持续对企业提供资金上的援助。当企业面临严重的经营危机时，主银行派遣专门人员直接干预和指导企业重组再生是期望中最优的选择，因为如果企业得以起死回生，不仅能够降低信贷资金的损失，也能够避免企业股价下跌的损失。反之，如果主银行直接放弃救助而抛售企业股票，不仅必然会在企业债权上血本无归，市场上该企业的股票价格也会一落千丈，使银行自身在短期内就蒙受巨额损失。

三、日本僵尸企业问题的处理实践

最初，在泡沫经济已经破灭的情况下，日本政府的注意力完全被需求侧急剧减少的总需求所吸引和束缚，却误判了经济增长率下降背后的深层次原因，错误的经济政策导致僵尸企业问题的严重性不但没有缓解反而进一步加深。在东亚模式取得巨大成功的经验指引下，日本经济学界已经习惯于把经济增长速度下降视为需求不足的周期性问题。当时的日本经济企划厅和经济学界一致认为日本经济的潜在增长率仍然很高，实际增长率低于潜在增长率说明存在增长率缺口，是周期性需求不足所致，需要继续实施刺激经济计划来增加总需求。而当经济增长速度重新回到潜在增长率水平时，银行不良债务和僵尸企业问题自然就解决了，因此并不主张僵尸企业积极破产重组，而是维持它们在市场中存活以"等待时机"。于是日本政府同时采取了宽松的货币政策和积极的财政政策，寄希望于经济形势迅速好转从而带动僵尸企业复苏。然而事与愿违，经济增长率在 1995 年和 1996 年短暂回升之后再度回落，还埋下了产能严重过剩的祸根，自 1997 年开始日本僵尸企业问题进一步恶化。

事实上从供给侧来看，日本的人口抚养比早在 19 世纪 70 年代就已经降至底部，在 20 世纪 90 年代已经开始攀升，标志着日本人口红利的快速丧失，以往充裕的剩余劳动力不复存在。而且在生产技术未出现明显突破的情况下，日本传统制造业本身也不再具有原来的强势竞争力。因此从生产函数看，日本经济的潜在增长率已经大幅降低，如果试图通过刺激总需求来强行超越潜在增长率，则必然加剧供给侧的结构性扭曲，反而导致僵尸企业问题的进一步恶化。一方面，强刺激政策推动了大规模的设备投资，这意味着在生产技术没有明显改善，劳动力资源总量减少的情况下急剧提升了资本劳动比，导致资本的边际报酬进一步下降。另一方面，设备投资带来产能的迅速扩张，加剧了已经存在的产能过剩问题，使企业的生存环境雪上加霜。这种非市场自发性的大规模投资往往导致资源错配，资源配置的效率下降，也造成巨额的浪费。由此可见，僵尸企业问题作为供给侧的结构性问题，如果简单地认为是经济衰退的周期性问题而采用刺激性政策去解决，就是试图通过改变周期趋势去适应现有供给结构，本质上无益于解决结构性矛盾，结果只能是徒劳和失败的。

直至进入 21 世纪，日本政府才开始针对僵尸企业问题采取一系列的市场化清退措施。2003 年，日本设立了仅存在了 5 年的产业再生机构并颁布了《产业再生机构法》，专门负责处理僵尸企业问题。产业再生机构作为非公非私的第三方机构在处理僵尸企业问题时拥有中立的立场、健全的监管制度、权威的专家团队，并通过剥离企业债务、重组企业业务、精简经营团队的方式尽可能地"救活能活的企业"。事实上，产业再生机构也实现了其 2 年内落实僵尸企业名单，5 年内基本解决僵尸企业问题的目标。在着手处理僵尸企业的过程中，日本政府格外重视失业工人的再就业问题，一方面以法律的形式对失业工人的再就业和福利水平做出明确规定，另一方面则依法积极落实失业补贴和提供住房保障，减少了处理僵尸企业过程中的风险与阻力。

更为重要的是，日本政府开始致力于金融市场的改革，这为塑造更加市场化的银企关系、减少未来僵尸企业问题的发生风险奠定了基础。从 1998 年开始，日本官方连续颁布了新《外汇法》《银行法》以及《金融机能早期健全法》以推动银行业的改革，引导商业银行遵循市场竞争机制分配信贷资源，并通过健全完善资本市场和提升对外开放吸引外资来促进日本银行业的国际化、公开化和自由化。随着日本银行体系经过一系列清算和重组事件的洗礼，与市场竞争机制格格不入的主银行制度正式宣告消亡，彻底消除了历史上日本僵尸企业问题爆发的主要制度根源。

第二节　韩国的僵尸企业问题

一、韩国僵尸企业问题的经济背景

为了在国际贸易中方便使用美元进行结算，亚洲新兴市场国家普遍采用本币与美元挂钩的联系汇率制。在以政府主导、出口导向为主要特征的东亚模式下，美元汇率的大幅变化可能造成东亚国家出口竞争力的突然下降，从而使这些国家存在于金融系统中的薄弱环节受到冲击，继而引起本国货币的崩盘，最终严重危害实体经济的健康。始于 1997 年的亚洲金融危机就是这样给韩国带来了灾难性的影响。

韩国自 20 世纪 60 年代由进口替代战略转向出口导向战略，其经济增长始终与对外贸易密不可分。在随后的 30 年里，韩国的产业发展重心经历了由以纺织业为代表的劳动密集型产业到以钢铁水泥、汽车制造为代表的资本密集型产业，再到以电子设备、生物工程为代表的技术密集型产业的一个完整转型升级过程。在政府政策导向、积极利用外资、注重技术创新的发展模式下，韩国经济发展至 20 世纪 90 年代，维持了近 30 年的高速增长并且成就了世界闻名的"汉江奇迹"。出于自身主动对外国资本的需求以及受迫于美国所施加的压力，韩国的金融市场正式对外开放，随后在金融自由化的倡导下放开了更多的资本项目。在"汉江奇迹"的光环之下，外界普遍怀着对韩国经济发展的良好预期而将大量资本投向韩国。韩国的大财阀大企业很容易从国外市场上以较低的利率取得借款，为其自身在国内的迅猛多元化扩张和争夺占领市场提供了绝佳的资金来源。然而根据协议，韩国企业所背负的这些巨量外债必须使用美元偿还，但当时韩国政府的外汇储备总量尚未达到债务总额的 1/3，给未来外汇危机的爆发埋下了伏笔。

1995 年 4 月，美国政府开始推行强势美元政策并导致美元大幅升值，与美元挂钩的韩元也不得不随之上调韩元汇率，以至于韩元相对于日元也出现了大幅升值。对于出口导向型经济体而言，本国货币的适度疲软能够降低出口产品的相对价格，增加本国产品在国际市场上的相对竞争力。因此，韩元的大幅升值导致其在面对日本生产的同类产品的竞争时处于不利局面，再加上亚洲主要市场的需求普遍低迷，世界银行的数据显示韩国的出口增长率由 1994 年的 26.3% 骤降至 1996 年的 8.4%。

韩国的经济增长高度依赖出口，汇率升值冲击导致的出口锐减使经济形势急转直下，大财阀大企业吸收的大量外债顿时面临着巨大的偿还难度。一方面，韩国财阀集团的多元化发展倾向和疯狂扩张造成同类产业重复建设，市场恶性竞争，产能严重过剩。另一方面，由出口占主要部分的总需求严重不足，导致国内企业面临的市场空间进一步压缩，经营业绩也由盈利转向亏损，产业危机发生了。企业利润虽然以本国货币计价，但从国外资本市场上取得的外债却必须以美元偿还。在韩国企业陷入困境的情况下，国际上立刻形成韩元贬值的预期，曾经为投机而来的短期资本迅速逃离韩国的债市与股市，韩国居民则纷纷将自己持有的资产转化为外汇，韩元急剧贬值，外汇危机发生了。此时适逢 1997 年亚洲金融危机，大量韩国企业外债负担飙升，经营环境恶化，陷入亏损困境，成为韩国僵尸企业问题爆发的前奏。

二、韩国僵尸企业问题的制度根源

1997 年亚洲金融危机期间，韩国出口停滞，出口产品在国际市场上竞争力削弱，对出口依存度很高的韩国经济造成重创，其中首当其冲的就是韩国的财阀。财阀作为韩国计划经济时代的产物，曾经在韩国经济腾飞的历史过程中发挥了举足轻重的作用。然而在亚洲金融危机的冲击下，财阀市场垄断与政府官制经济反而成为阻碍市场经济发展的绊脚石。一方面，财阀集团过度多元化扩张形成的很多效率低下的子公司迅速陷入自身业务的经营困境，却依靠与母公司内部交易的利益输送苟延残喘。另一方面，财阀集团则通过与政府之间的裙带关系获取巨额低息贷款、优惠补贴与税收减免。在此利益链条下，财阀经济下的政商裙带主义制度就成为韩国僵尸企业问题的制度根源。

韩国财阀是韩国计划经济时代的产物，其形成过程具有在特定历史条件下的合理性。20 世纪 50 年代末，战后的韩国成为当时世界上最贫穷的国家之一，经济振兴面临着资金短缺、资源匮乏、技术落后等一系列问题。为了实现经济的快速发展，韩国采用了政府主导资源配置的计划经济模式，推行出口导向和重工业优先的产业政策，而民族企业则成为实现产业政策的主体。一方面，韩国政府选择了一批在当时发展较好的大型企业作为政策目标，使用变卖美国援助物资的收入对它们提供贷款并积极主导进行工商业投资。另一方面，这些大企业的掌门人趁机与政府部门建立密切联系，尽一切努力获取政府在金融上可能给予的优惠政策。在此背景下，一些大型企业如三星、LG、大韩、东洋等把握机会迅速发展壮大，成为拥有政府特权的财阀。

韩国财阀经济模式下容易产生僵尸企业问题的原因主要有两个。第一，韩国财阀在整个国家的经济中占据比重太大，导致政府形成对财阀集团的过度依赖。财阀集团可以采用政治献金的方式换取政府的优惠政策以及韩国银行的低息贷款，凭借与政府的裙带关系保证资金来源渠道畅通。第二,韩国财阀过度多元化的扩张导致其子公司的业务几乎涉足所有的产业领域,但生产效率往往低下。当面对经济危机的冲击时,财阀集团通过内部交易为子公司提供利益输送,保证子公司在市场中的存活。因此,在以财阀经济为基础的政商裙带主义制度下,形成了由政府到财阀集团再到财阀子公司的利益输送链条,在 1997 年亚洲金融危机时导致韩国出现大批僵尸企业。

韩国政商裙带主义的产生源于 1987 年的民主转型,这个变化意味着政治候选人必须为获得选举支持而进行以真金白银为代价的选票竞争,必然导致对政治索贿需求的增加(康灿雄,2017)。但与此同时产生的副作用是,政府抵制或遏制大企业特殊要求或行为的能力急剧下降了,这往往是酝酿僵尸企业问题的开端。一方面,政治精英希望从财阀那里获取政治献金以维持自身的统治力与竞争力,甚至是满足个人的贪欲。另一方面,企业家需要从政府那里获得关照,乐于通过与政府保持良好关系以维持低息资金的获取。

然而,韩国政府对企业的扶持是有选择性的,以往获得成功的企业非常容易取得官员的信任。而对于成功的定义,企业规模是最主要的评判标准,规模越大的企业越代表着强大的经济实力与社会地位。出于规避政策失误的目的,政府官员倾向于根据企业过去的表现评估其未来成功的概率,投资给规模大的企业普遍被认为风险最小,而大企业也更有经济能力通过私人关系获取当局政治经济目标的信息。由于企业扩大规模的好处已经获得了普遍的预期,因此众多企业都倾向于规模的快速扩张,导致韩国一大批财阀集团的崛起。大多数财阀集团的会计程序都不严格,而且其财务信息的透明度很低。对于"大而不能倒"的财阀集团而言,即使债务缠身,但只要没有破产就能够凭借与政府的裙带关系取得能够自由支配的资金。这导致财阀集团的政治资源与企业规模处在一个相互促进的所谓良性循环之中,财阀与政府的裙带关系日益紧密。虽然韩国政府牢牢掌控资本,但拒绝向财阀集团提供信贷的威胁却不可信,因为无论是政府和财阀都清楚这样做会使国家和企业蒙受同等的损失。

在轻易获得巨额贷款的激励下，韩国大企业集团自然选择了容易的规模扩张之路而不是艰难的提高效率之路。大财阀集团通过垂直多元化经营战略，囊括了从原材料到产成品的全部生产流程，以水平多元化经营的方式，逐渐扩大相互之间没有关联性的业务范围，垂直多元化和水平多元化导致财阀集团形成错综复杂的企业结构并产生市场垄断。在那些利润率比较高的产业领域，财阀集团必然会成立子公司进入。财阀集团的子公司往往不具有在该领域的较高生产效率与核心竞争力，而是通过与财阀集团的内部交易获取利益输送而不当得利。财阀集团子公司通过这种不正当竞争手段逐渐夺取市场份额，直至取得市场寡头或垄断地位。在这种情况下，如果一家新的企业想要进入市场，就不可避免地要与财阀集团的子公司进行竞争。但是无论新企业具有多高的效率，与得到集团层面庇护的财阀子公司正面竞争都无异于以卵击石。因此，财阀经济显然存在保护低效供给、驱逐高效供给的反市场选择效应。在外汇危机的冲击下，低效率的子公司本来就已脆弱不堪的盈利能力迅速消失殆尽，只能通过财阀集团的利益输送勉强维持在市场中的存活，成为名副其实的僵尸企业。这样的例子不在少数，仅在汽车制造业领域就包括三星汽车、大宇汽车和双龙汽车等从属于大财阀集团的子公司。

三、韩国僵尸企业问题的处理实践

在 1997 年亚洲金融危机的冲击下，韩元急剧贬值，出口规模锐减，韩国的经济体系濒临崩溃，僵尸企业问题的严重程度达到顶峰，大量企业依靠持续借债维持生存。根据韩国中央银行网站的数据统计，1997 年韩国制造业负债比率高达 396%，而自有资本比率则不足 20%。在迫不得已的情况下，韩国和国际货币基金组织于 1997 年 12 月 3 日达成了一项有史以来最大规模的紧急援助项目，总金额高达 570 亿美元。然而，这个数字与韩国国内所有企业高达 1700 亿美元的总负债相比还是显得杯水车薪，根本不可能救活所有的僵尸企业。

韩国在亚洲金融危机中明显暴露了其金融部门的脆弱性、经济疏于监管的漏洞以及裙带主义的寻租后果。一方面，政府对银行予以担保，降低了银行本应持有的信贷风险防范标准，削弱了银行审查监控贷款的动力。另一方面，政府出于政治原因不敢让企业巨头破产，财阀集团的优惠要求基本都得到了满足，从而源源不断地从银行获取信贷资金。然而，韩国政府对僵尸企业的救助收效甚微，截至 1999 年，韩国排名前 30 的财阀集团中还是有 18 家最终无法避免破产解体的命运。由于问题出自企业，韩国政府更多地将焦点放在相关法律与企业制度不健全、企业过度多元化失误所造成的产能过剩上。因此，韩国的僵尸企业问题处理实践更多的是针对企业层面的改革。

在韩国财阀经济中，典型的财阀集团都是由家族领导人实际进行掌控的。财阀集团及旗下子公司最初受控于集团创始人，然后由创始人挑选家族成员继承整个产业。财阀集团领导人除了个人威信之外，主要依靠旗下子公司之间交叉持股的方式来形成对整个集团庞大体系的实际控制权。这种交叉持股的手段导致财阀集团的股权结构异常复杂，众多子公司之间通过产权投资和相互贷款担保紧密结合在一起，严重弱化了其他股东对财团领导人个人战略的监督能力和效果，使财阀集团的实力扩充最终都是为了服务于私人占有这个不合理的目标，难免将企业引向歧途。当子公司成为僵尸企业之后，复杂的股权结构反而成为养料输送网络，"僵尸病毒"则可能蔓延至整个企业集团。

亚洲金融危机之后，韩国政府开始出台一系列法律法规来专门限制财阀集团掌门人的控制权限，其中最重要的是《垄断条例和公平贸易法案》及其相关规定。这项规定强化了韩国公平贸易委员会对财团内部交叉持股的监管能力，限制了财团内部的相互担保行为，并对财阀内部企业间交易实行严格审查。韩国财阀开始大量引入外国投资者入股并给予他们在董事会中的投票权，家族股权被进一步稀释，投票权份额也受到明确限制。自此，财阀集团的家族色彩逐步淡化，股权结构也更加明晰。在某种程度上，这提高了对"僵尸病毒"由子公司传染至整个集团的抵抗力。

此外，在金融危机中财阀集团的过度的多元化也带来了易于僵尸企业问题爆发的内在脆弱性，它们的经营领域常常遍及电子产业、金融证券、汽车产业、家具制造、时尚产业等，相互之间不可避免地产生重合与交叠，在实际中表现为严重的产业结构性矛盾。某家企业可能而盈利能力堪忧，但是同一财团内部的其他经营状况良好的企业可以为之提供利益输送，这保护了低效率和不公平竞争。以汽车制造业为例，尽管韩国从 20 世纪 70 年代开始就始终处于汽车产能过剩之中，但经济企划院的生产合理化政策始终未能得到商界的服从。在当时，市场已经存在现代汽车、大宇汽车、起亚汽车和双龙汽车四大巨头的情况下，三星集团依然一意孤行地进入汽车制造行业，成为实质上的僵尸企业，苦苦支撑几年之后以破产收场。

为了解决财阀集团过度多元化的问题，韩国政府在 1998 年制定了产业结构调整方针，致力于解决产业重复建设造成的结构性矛盾，力图通过各企业之间的协调一致降低过度多元化带来的经济风险。在政府的努力下，现代集团、三星集团、大宇集团、LG 集团和 SK 集团与政府达成《推进五大集团结构调整协议》，五大财团之间通过售卖劣势产业子公司、合并优势产业子公司的方式进行产业互换，明确了主营业务，精简了集团规模，提高了核心竞争力。然而，韩国的一系列改革未能彻底割断财阀与政府之间的政治纽带，政府广泛干预经济的体制机制仍然给韩国在未来面临的每一次经济金融危机中带来僵尸企业问题爆发的风险。

第三节　经验与启示

一、从供给侧视角审视僵尸企业问题

在 20 世纪 90 年代经济泡沫破灭之后，日本政府最初试图采用刺激经济的手段解决僵尸企业问题。这在政府主导市场经济的东亚模式下并不显得奇怪，而日本政府显然是习惯于往常的思路从需求侧视角出发，将僵尸企业问题看作是伴随着总需求不足而产生的一个副产品。于是，日本政府开始长期实施宽松的货币政策和积极的财政政策，寄希望于国内经济形势迅速好转从而带动大批僵尸企业复苏。然而，曾经泡沫经济的繁荣给人们留下了太多不切实际的幻想。在人口红利已经丧失、生产技术没有取得重大突破的情况下，日本经济的潜在增长率实际上已经大幅降低。因此这种试图通过刺激总需求来强行超越潜在增长率的行为加剧了供给侧的结构性扭曲，反而导致严重的产能过剩。结果日本经济增长率在 1995 年和 1996 年短暂回升之后急转直下，1997 年开始日本僵尸企业问题进一步恶化。日本最初处理僵尸企业问题失败的教训带来了启示：僵尸企业问题不能简单看作总需求不足导致的周期性问题，而应该立足于当前经济发展的阶段，从供给侧的视角重新审视其实质和寻找解决方法。

反观我国的僵尸企业问题，可以发现与曾经的日本具有很多非常相似的地方。我国制造业僵尸企业问题也在经济萧条期爆发，2008 年国际金融危机的冲击导致制造业僵尸企业负债比例迅速攀升，而东亚国家的发展则普遍在资源红利的透支中养成了严重的"刺激依赖症"。"四万亿计划"刺激政策实施之后我国确实也在短期内取得了"保增长"的效果，人为扩大的总需求使僵尸企业比例出现了连续两年下降。

然而自 2011 年开始，制造业僵尸企业问题卷土重来，僵尸企业负债比例开始持续快速上升，这与日本当年试图通过刺激政策解决问题而产生的后果如出一辙。

事实上，我国制造业的僵尸企业问题也是供给侧的发展阶段性问题，而非需求侧的经济周期性问题。如果通过人口抚养比这个指标来反映人口红利，我国的人口抚养比自 2010 年降至最低点之后迅速上升，这表明我国的人口红利已经开始逐渐丧失殆尽，近些年普通劳动者的工资增速很快、"用工荒"现象频发就是例证（蔡昉和都阳，2016）。由于劳动力成本上涨速度高于劳动生产率提高的速度，单位实际劳动成本正在逐年提升，导致我国以劳动密集型产业为主的制造业国际竞争力遭到大幅削弱。我国二元经济特征非常明显，自 1978 年改革开放以来，劳动力从低效率的农业向高效率的非农产业转移是经济整体全要素生产率提升的最重要的来源，如今这个过程已经随着人口红利的耗尽而受到绝对限制。因此从供给侧的宏观生产函数来看，我国经济的潜在增长率已经降低，这反映出经济进入了一个新的增长阶段，此时产生的僵尸企业问题就已经成为经济发展的阶段性问题。

如果把我国目前面临的僵尸企业问题当作需求不足的周期性问题去处理，解决方式无非是通过宏观经济政策手段大量创造出口、投资和消费需求，从而试图把实际增长率强行拉高到潜在增长率之上，这或许能够短暂地掩盖供求错配的结构性矛盾，但实际上无异于人为制造经济泡沫。对于制造业而言，刺激过程必然是由政府使用产业政策和区域政策主导资源分配的，可能伴随着严重的资源配置扭曲，导致生产要素的价格背离本来的比较优势，产生严重的产能过剩，原本就不合理的产业供给结构被强化，失去了自我适应性调整的机会。最终更多的企业失去自生能力，只能由政府再度以干预资源配置的方式将它们保护起来，结果反而使僵尸企业问题进一步恶化。因此，我国在进入新常态之后，僵尸企业问题需要通过供给侧结构性改革的方式去解决。

供给侧结构性改革需要解决的是两个含义不同的"结构"矛盾。第一个"结构"是资源配置结构。制造业僵尸企业问题实质上是供给侧的资源错配问题，大量经济资源被配置并固定到没有效率的僵尸企业中去，减少了其他高效企业可获取的资源数量。僵尸企业问题越严重，资源的错配和扭曲就越严重，从供给侧看宏观生产函数中的全要素生产率就越低。因此，资源配置结构改革需要将僵尸企业占用的生产要素解放出来，分配到生产效率更高的地方，通过资源的重新配置提高全要素生产率。一方面，由于制造业各个行业之间存在生产率差异，所以生产要素向生产率更高的行业流动可以获得资源重新配置红利。比如停止以往刺激经济计划中强选择性产业政策的诱导，使信贷资金从钢铁、水泥、电解铝等产能过剩的传统产业中逐步撤出，通过市场机制的作用自行进入具有比较优势的新兴产业中去，这样就能减少传统产业中的僵尸企业问题。另一方面，同一行业内的企业之间也存在生产率差异，僵尸企业与正常企业之间就存在这种差异。如果减少政府的干预，允许那些长期持续亏损的企业被淘汰，将占用的生产资源转移给更有效率的企业，那么就可以提高整个行业乃至整个经济的生产率水平。第二个"结构"是体制机制结构。更深层次和更长效的供给侧结构性改革是深化体制机制的改革，即进一步建立和完善市场经济体制，真正通过市场机制来决定资源配置。这有助于建立市场化的银企关系、减少政府对企业的干预，真正从体制机制这个决定性因素上消除僵尸企业问题产生的土壤。

二、正常的银企关系衍生于完备市场

正常的银企关系是指银行与企业之间是正常的市场化交易关系，而不是软信贷约束关系，企业的软信贷约束是造成僵尸企业问题的主要原因之一。正常银企关系的建立需要完备市场为背景，其中完备市场包含了两个条件：一是完善的市场制度，二是独立的市场主体。这两个条件共同作为市场机制有效发挥作用的必要条件，缺一不可。

日本主银行制度作为特定历史条件下的产物，是一种衍生于非完备市场的银企关系。20世纪50年代后期，虽然日本的市场经济得到一定的恢复和发展，但仍然存在大量束缚企业和限制银行的制约因素，市场制度存在很大的缺陷，导致资源无法完全按照市场机制自由配置。一方面，在经济快速增长期，企业的自有资金普遍不足，面临严重的资金短缺，只能借助于外源性融资。然而，由于金融市场的落后与封闭，发行债券与股票的方式受到严格限制，企业只能尽力寻求银行信贷。另一方面，日本的外汇法限制了银行的对外交易，利率管制也限制了银行间的自由竞争，商业银行只能通过存贷利差获取收益。因此，争取拥有巨额资本的大企业客户就成为银行提高利润率的主要方式。这样，企业依靠主银行获取稳定资金，主银行依靠企业获取高额利润，再加上银行与企业之间相互持股，二者在市场中实质上是相互依存的，为主银行对陷入困境企业的非正常持续救助行为奠定了基础。

与此同时，日本负责管理银行的行政部门提供了一种针对银行体系的"护航制度"。为了给企业提供更有力的金融支持，就必须给予银行更强大的担保激励，因此日本政府做出"绝不让任何一家银行破产"的承诺，不仅通过对非金融企业发行债券和股票等融资手段进行限制以维护主银行垄断融资渠道所得的租金，而且当主银行面临财务危机时会借助于政府权威和信用，安排其他银行进行救助。在强大的政府信用的担保下，"绝不让任何一家银行破产"的承诺成为可信的，日本政府实质上为主银行持续救助陷入困境的企业提供了肯定的态度以及条件上的满足。这时企业及其主银行都已经成为非独立的市场主体，企业陷入困境自然会寻求主银行的救助，主银行陷入困境自然会寻求政府的救助，于是产生了一条隐性的风险转移链：企业将风险转移给主银行，主银行再将风险转移给政府。在这条风险转移链中，政府承担风险的承诺实际上却放大了整个经济体系的风险。在日本主银行制度下，存在缺陷的市场制度加上市场主体的非独立性，导致银企关系容易由正常市场化的交易关系发生异变，成为风险转移链中的风险转嫁关系，这伴随着信贷软约束的广泛存在，最终在经济泡沫破灭的诱导下引发严重的僵尸企业问题。

为了从制度根源上解决僵尸企业问题，日本于 20 世纪末开始进行金融市场改革，致力于创造一个公平自由的市场竞争环境，从而解除了一系列对金融市场的严格管制，完善了金融市场制度。对于银行而言，日本几家主要的银行通过合并重组提高了自身的健康程度，为开展国际性金融业务奠定了基础。严格的分业经营限制被解除，银行办理的金融业务开始呈现综合性趋势，提高了经营效率。银行也不再主要依靠企业贷款利息盈利，获取收益的手段更加多样化。市场化改革使银行间竞争加剧，风险防控意识得到很大提升，主银行对困境企业的救助功能进一步弱化。对于企业而言，面对一个日益国际化、自由化的金融市场已经拥有了更多的融资选择。资金短缺的时代已经过去，通过商业银行获取信贷也不再是效率最高的融资方式。证券市场的信息披露与市场监管机制更加完善，很多企业尤其是经营状况良好的大型企业对银行的依赖度明显降低。大企业集团内部资金融通与利用效率提高，出现了广泛的"金融脱媒"现象。此外，由于政府停止了对企业和银行的"政策支持"和"破产保护"，金融市场主体恢复了独立性，"护航制度"宣告终结，日本的主银行制度也随之不复存在。由此可见，正是由于金融市场的完善和市场主体的独立，市场机制才可以在资源配置中有效地发挥作用，为银企关系保持正常市场化的交易关系提供保证。

反观我国国有企业与国有银行之间的关系，背后也存在一条由企业到银行再到政府的风险转移链，可见风险转移链的存在并非少数个例，而更可能是市场经济体制不够完善的伴生问题。相比之下，我国的金融市场中制约市场机制发挥作用的因素更多。一方面，我国金融市场制度还存在很多薄弱环节：市场准入并未完全放开，市场规则体系仍需完善，市场运行机制尚不成熟。例如，我国金融市场信息披露、监管体系以及法律法规的不完善加剧了信息不对称的不良影响，国有企业相比于其他企业由于具有政府隐性担保从而更容易受到银行信贷部门的青睐，形成不公平的市场竞争环境。这实际上不仅削弱了银行的风险防控能力和效果，而且也增加了国有企业的道德风险与逆向选择行为。另一方面，市场主体并不完全独立，国有企业目前仍然不是真正意义上的独立参与市场竞争的市场主体。由于承担着一定的政策性负担和社会性负担，所以国有企业坚信政府会在它们陷入困境时对银行发出救助的指示。在这两方面因素的共同作用下，市场机制在我国金融市场的资源配置中常常难以有效地发挥作用，容易衍生出非正常的银企关系。

最初国有银行建立的目的就是为国有企业的发展提供信贷资金。自从 1983 年对国有企业提供资金的方式由财政拨款改为银行贷款之后，国有企业就一直依靠从国有银行那里获取的低息贷款生存发展，这导致国有企业形成了对信贷软约束的依赖传统。以至于当国有企业从国有银行借贷时，国有企业的固有观念是自己正在从政府那里获取资金，国有银行则更像是代表政府将资金分配给国有企业。由于国有企业承担着政策性负担和社会性负担，所以政府不得不对国有银行实施干预，为国有企业提供信贷上的优惠，甚至在国有企业陷入困境后仍然提供持续的资金支持。为了实现对银行的干预，政府需要对银行给予隐性担保，政府实际上凭借国家信用做出不会放任国有银行破产的承诺。在这个逻辑下，国有企业面临信贷软约束，一条由企业到银行再到政府的风险转移链就建立起来了。国有企业与国有银行之间的关系也不是市场化的交易关系，而成为风险转嫁的非正常关系，导致我国国有企业成为僵尸企业问题的高发区。

因此，解决我国制造业僵尸企业问题需要同时推进金融市场改革与国资国企改革。一方面通过金融市场体制机制改革解除市场机制在资源配置中受到的制约因素，另一方面通过国资国企改革促使国有企业成为真正的市场主体，从而通过完备市场的构建衍生出正常的银企关系，为解决我国制造业僵尸企业问题奠定良好的制度基础。

三、合理的政企关系产生于有限政府

除信贷软约束之外，企业也可能通过追逐政府的优惠政策获得税收减免和财政补贴，在补贴软约束的条件下成为僵尸企业，这时企业的主要目标就从创新转向寻租。在强烈的补贴寻求动机下，企业努力与政府建立政治关联，政企关系也由于企业与政府的政治纽带逐步凌驾于经济逻辑之上而变得不合理。然而，这种不合理的政企关系根本上是由于政府过度干预经济造成的。

作为典型东亚模式的代表之一，韩国同样也经历了由计划经济体制到市场经济体制的转变。20世纪60年代初，韩国开始在一个军事政府的管理下实行计划经济。在计划经济体制下，韩国政府不仅制订经济开发计划和执行财政预算，还通过行政干预进行资源配置，对市场价格实施直接管控。军事政府的官僚们热衷于制定产业政策，并且通过强大的控制力将影响传递到具体的某个产业甚至是某个企业。韩国的军事政府在经济建设中常常直接指定给予特定企业优惠政策和财政补贴，为它们的发展创造良好的环境和条件。这种充斥着政府干预的计划经济体制实质上在1997年亚洲金融危机之后才有了本质性的改变，韩国在危机中付出的惨痛代价推动了一系列私有化、自由化、开放化政策的实行，成为对政府过度干预经济的一种事后补救。

财阀经济是韩国计划经济时代的主要产物，可以说是政府的一手扶持造就了今日实力雄厚的财阀。自20世纪60年代开始，韩国就在政府主导资源配置的计划经济模式下开始推行出口导向和重工业优先的产业政策。与大多数国家推行的旨在激发市场活力的产业政策不同，韩国所实施的产业政策精准定位到了特定的企业甚至是特定的个人，将选择性产业政策的强度发挥到了极致。这造成了严重的后果：一方面，当时的一些韩国大企业通过与政府的密切关系优先获取信息，从而能够紧紧跟随着政府政策导向，享受了大量优惠政策与财政补贴，在与同行的竞争中获得了巨大优势，得以迅速发展壮大起来。另一方面，韩国政府的"精准干预"行为对大企业形成一种激励，即只有通过与政府建立政治纽带才能获取政府在金融上给予的优惠政策，这反过来促进了企业的寻租行为。事实上，这种情况随着韩国的经济增长和政府掌控的资源增加而变得更加严重。结果韩国经济形成过度依赖财阀的局面，而对于财阀集团而言即使债务缠身，但只要没有破产就能够凭借与政府的关系纽带源源不断地取得能够自由支配的资金。此时，企业与政府的政治关联就已经凌驾于经济逻辑之上，这种不合理的政企关系显然造成了企业的补贴软约束。僵尸企业问题早已在暗中形成，只是亚洲金融危机将其暴露于阳光之下。

毋庸置疑，韩国政府的市场介入与干预是深入且广泛的。对于市场经济的正常运行而言，政府对市场的干预应该局限于市场失灵的狭小范围之内，其作为监督管理者的主要职责是规范市场秩序、保障市场的公平竞争，即明确政府的边界，成为有限政府。只有在有限政府的经济体制下，才能产生合理的政企关系。因为资源的配置只能通过两种渠道：一种是市场，另一种是政府。如果政府越有限，对经济的干预越少，则资源通过市场分配的比例就越多，激励结果是企业为了生存而采取的手段就只能是创新而不是寻租。反之，如果政府对市场的干预越多，则资源通过市场分配的比例就越少，激励结果是企业将不得不寻求与政府政治关联的建立，甚至当寻租获得的好处足够大时完全放弃提高自身效率的努力，这就造成了资源配置的扭曲。

我国近年来奉行凯恩斯主义的宏观政策，遇到经济下行压力时倾向于需求侧管理，通过政府投资刺激经济的方式保持经济增长速度，这形成了政府直接干预经济的惯性模式。在 2008 年全球金融危机的冲击下，我国于当年 11 月推出总额高达 4 万亿元的经济刺激计划，经过各级地方政府的自行配套和增添，最终形成总额约 18 万亿元的全国投资计划。在如此庞大的投资计划中，资源的流向自然主要是由政府部门决定的，按照国家发改委的意向其中绝大部分资金的投入导向是基础设施建设以及钢铁、汽车、造船、石化、轻工、纺织、有色金属、装备制造与电子信息九大支柱产业（韦森，2017）。而这九大产业在当年就已经出现了生产能力大幅过剩，企业的实际盈利能力普遍堪忧。在这种情况下，巨额的政府资金投入与补贴就会产生意想不到的激励效果：与地方政府关系密切的国有企业和大型企业将凭借与政府的政治关联争取更多的补贴和优惠，形成补贴软约束，越是经营效率低下的企业则越具有这样做的激励。最终结果必然容易导致资源配置的扭曲，尤其是在国有企业中形成一批僵尸企业。

我国政府过度干预经济的另一种模式是强选择性产业政策，这种产业政策的特点是过多过细地用政府选择去代替市场选择。我国的强选择性产业政策对支持产业的优惠力度很大，不仅拨付启动资金，还给予财政补贴和减免税收等优惠，在相当大的程度上改变了市场主导配置资源的规则。由于信息不对称，政府在实施强选择性产业政策时往往无法区分企业经济效益的好坏，这就给一大批没有创新动力，只是策略性地寻求补贴、免税等低成本环境的企业提供了投机机会。为了持续获得政府补贴，寻租企业就有动力将主要精力投入到与政府的关系纽带的维持上，同时向政府隐瞒真实的经营情况，导致资源配置的扭曲。例如，我国为发展新能源汽车产业，曾经希望通过高强度的企业补贴取得核心技术研发上的突破，但实际情况是产业内涌入一大批试图通过政府关系"骗补"的企业。由于自身盈利能力低下，这些企业如果不能持续得到补贴和贷款就面临倒闭，成为名副其实的僵尸企业。

综上所述，深化行政体制改革从而减少政府对经济的直接干预也是解决我国制造业僵尸企业问题的重要环节。政府需要转变职能成为有限政府，才能从根本上防止企业在补贴寻求动机下通过不合理的政企关系形成补贴软约束，有助于市场机制在资源配置中充分发挥作用，降低僵尸企业在某个行业集中产生的可能性。

本章小结

本章选取了日本和韩国这两个具有典型东亚模式特征的国家作为僵尸企业问题处理的分析样本，因为日本与韩国的经济中曾经存在或者至今仍然存在的问题与我国经济中存在的问题具有一定的相似性，其处理僵尸企业问题的实践对我国具有重要的借鉴意义。

首先，本章描述了日本泡沫经济破灭之后僵尸企业问题恶化的经济背景，并且分析了主银行制度在其中所起的作用。日本最初的策略重心在需求侧管理，刺激经济的方式不仅没有解决僵尸企业问题，反而使经济陷入"失去的十年"，但后来通过金融市场的一系列制度改革使自身获得了很好的免疫能力，并未在 2008 年世界金融危机中爆发严重的僵尸企业问题。

其次，1997 年亚洲金融危机的爆发导致韩国长期以来的财阀经济神话破灭，政商裙带关系也成为僵尸企业问题的制度根源。然而韩国处理僵尸企业问题的措施，仅仅针对陷入困境的企业的清算和重组以及进行企业层面的改革，对于其制度根源财阀经济下的政商裙带主义却未能有所撼动。体制机制的缺陷导致韩国在 2008 年世界金融危机中再度受到僵尸企业问题的困扰。

最后，本章根据日本和韩国处理僵尸企业问题的实践，从中得到相应的启示。第一，我国进入新常态之后面临的僵尸企业问题并非周期性问题而是阶段性问题，应该从供给侧的视角重新审视并通过体制机制改革解决。第二，建立正常的银企关系是解决僵尸企业问题的重要一环。为构建完备市场，我国需要同时推进金融市场改革与国有企业改革，解除市场机制在资源配置中受到的制约因素并促使国有企业成为真正的市场主体。第三，建立合理的政企关系是解决僵尸企业问题的另一个重要环节。为推行有限政府，我国需要深化行政体制改革从而减少政府对经济的干预，让市场机制在资源配置中充分发挥作用。

第七章

解决我国制造业僵尸企业问题的对策建议

供给侧结构性改革需要完成去产能、去库存、去杠杆、降成本和补短板五大任务，其中首要任务就是去产能，而这里的"产能"就包括僵尸企业。制造业僵尸企业问题作为实体经济的顽疾，是我国社会主义市场经济体制完善过程中的一大障碍，必须坚决果断解决我国制造业僵尸企业问题。然而，正如僵尸企业的形成是很多因素共同作用的结果，彻底解决僵尸企业问题同样也需要从多方面共同发力，经济结构调整与体制机制改革整体协同推进。一方面，本章从经济结构调整的角度，分别在产业层面提出减轻产业供给结构失衡以及在企业层面提出提升市场主体供给质量的对策；另一方面，本章在制度层面提出推进市场体制机制改革的制度完善措施，从而沿着减少存量和控制增量的思路来解决我国制造业僵尸企业问题。

第一节 产业层面：减轻产业供给结构失衡

一、推动"一带一路"建设创造合作机遇

"一带一路"①即"丝绸之路经济带"②与"21世纪海上丝绸之路"③,其以亚欧大陆桥和海上通道为运输平台,通过打通道路来促进贸易,目的是更好地发挥亚、欧、非各国自身的比较优势,以实现国家间的优势互补和共同发展。2015年博鳌亚洲论坛期间,我国正式对外公布了"一带一路"的顶层设计方案《推动共建丝绸之路经济带和21世纪海上丝绸之路的愿景与行动》,标志着"一带一路"倡议的正式启动实施。"一带一路"合作倡议的提出作为我国对外开放新阶段的重要标志,是我国与"一带一路"沿线国家、我国内陆地区与东部沿海地区开展合作的良好契机。借助该项倡议的实施搭建新的合作平台,优化制造业面临的市场化环境,化解我国目前存在的过剩产能,从而减轻产业供给结构失衡的压力对于解决我国制造业僵尸企业问题具有重要意义。

"一带一路"倡议远远超越了以往"点对点"式的国家间合作框架,其覆盖范围包括了"一带"上的13个国家以及"一路"沿线的52个国家,是以交通运输线路基础辐射大范围区域经贸合作的一个里程

---

① 2013年9月和10月,习近平主席在访问中亚四国以及东盟期间首次提出了多国合作建设"丝绸之路经济带"与"21世纪海上丝绸之路"的构想。

② "丝绸之路经济带"的路线设计包括三条:一是中国起始,经中亚、俄罗斯至欧洲波罗的海地区;二是中国起始,经中亚、西亚至波斯湾和地中海地区;三是中国起始,经东南亚或南亚至印度洋。

③ "21世纪海上丝绸之路"的路线设计包括两条:一是中国沿海港口起始,经南海、印度洋至非洲、欧洲;二是中国沿海港口起始,经南海至南太平洋。

碑。根据世界银行网站数据统计计算，"一带一路"沿线国家在全球金融危机之后的进出口贸易平均增速高于世界平均水平，而且多国GDP增长速度也十分可观，具有巨大的贸易合作空间和直接投资需求。除了"一带一路"沿线的65个国家之外，我国同样也欢迎其他国家和国际组织成为合作伙伴，这将有助于更多资源在国家和地区间的高效流动和有效配置，提升沿线各国实体经济的健康和发展程度。

比较优势是各国进行国际贸易的基础。"一带一路"的成员主要是新兴经济体和发展中国家，广泛分布于中亚、南亚、西亚、东南亚、中东欧以及非洲地区。从比较优势上看，东南亚地区拥有丰富的自然资源和劳动力资源，但经济结构单一，在农业机械化、制造业、基础设施建设、资源开发以及电子商务等领域具有引进资金和技术的需求。中亚和西亚地区石油资源、矿产资源和森林资源均十分丰富，但水资源匮乏，基础设施建设和工业发展滞后。南亚地区农业资源发达，但交通不便，缺乏工业集聚发展的规划。非洲则在制造业、金融服务业、医疗卫生、环境保护等诸多领域均有所欠缺，存在引进我国产业、技术和资金的强烈需求，是"一带一路"倡议中与我国合作空间最大的地区。

经过多年的发展，我国已经成为名副其实的制造业大国，不仅制造品种类齐全而且产量位居全球前列。其中粗钢、电解铝、水泥、精炼铜、船舶、计算机、白色家电等制造品的产量多年始终占世界总产量的一半以上，而这些劳动与资源密集型产业和中低技术产业正是我国制造业产能过剩的重灾区，是产业供给结构失衡的问题关键所在。一直以来，我国发展出口导向型经济的主要贸易伙伴是发达国家，因为我国具有廉价劳动力的比较优势，可以大量输出物美价廉的劳动资源密集型产品。然而随着刘易斯转折点的到来，我国的人口红利逐渐减少，劳动力相对成本也在逐年攀升，与发达国家相比劳动力资源的比较优势变得越来越模糊。与此同时，如果和"一带一路"沿线国家尤其是非洲国家相比，双方各自的比较优势却是十分明显和清晰。一方面，我国在资本和技术上已经具备了巨大的比较优势，国内的重化工传统产业虽然产能过剩但技术并不落后，这为对外基础设施建设合作奠定了基础。另一方面，"一带一路"沿线国家劳动力资源丰富，相对我国而言已经具有越来越大的比较优势，这为我国劳动密集型产业对外转移和承接提供了条件。

在基础设施建设优先的原则下，我国可以帮助"一带一路"沿线国家完善交通、电力、通信基础设施建设，通过高速铁路、高速公路、运河水路、油气管道、光纤电缆等基础设施建设项目的合作实施，带动钢铁水泥、金属建材、机电车辆以及大型成套设备的出口，直接有效地化解国内传统产业产能过剩。而且对于"一带一路"沿线国家而言，上游交通基础设施的完善有助于带动下游产业的快速发展，进而形成新的庞大的市场需求和有效购买力，有利于培育我国新的出口增长点。

此外，"一带一路"沿线国家尤其是非洲国家城镇化水平普遍较低，大量剩余年轻劳动力人口聚集在农村地区。这些国家丰富的劳动力资源和低廉的劳动力价格为我国轻工、纺织、建材等传统产业提供了良好的发展先决条件和产能"走出去"的绝佳机会。同样以出口为目标，在我国劳动力比较优势逐渐模糊、容易丧失自生能力的企业，在"一带一路"沿线国家的资源禀赋条件下可能再度强化比较优势。凭借更加突出的劳动力比较优势，当地工厂生产的产品将在国际市场上拥有更强的竞争力。2012年，东莞的华坚鞋业在埃塞俄比亚投资建厂，迅速实现盈利的同时也有效地带动了该国的出口，成为我国传统产业在国际间转移与承接的成功例证之一。

当然，在借助"一带一路"建设创造合作机遇的过程中需要中央加强地方政府之间的沟通与协作，不能因"争起点""争核心"而忽略了地区间产业对外合作重心的协调，造成区域发展的不平衡加剧，从而偏离"一带一路"倡议的初衷；更不能因"抢机遇"而激化地方政府间的投资竞争，纷纷上项目对接"一带一路"建设，导致产能过剩反而加剧的后果。

二、推进"互联网+"战略培育产业新业态

"互联网+"[①]这一概念自 2015 年被写入《政府工作报告》之后就成为我国国家战略的一部分,不仅引发了社会各界的广泛关注,而且因其顺应科技发展趋势的应用得到了越来越多的认可。经过几年的发展,可以发现"互联网+"对传统行业的改变往往会经历四个阶段。第一个阶段是营销的互联网化,即企业仅仅是借助互联网作为媒体去做广告。第二个阶段是渠道的互联网化,即企业开始将互联网作为营销渠道。第三个阶段是产品的互联网化,即互联网软件的功能开始替代实体产品。最后一个阶段则是产业的互联网化,即整个产业实现高度数字化和网络化。这是当前推进"互联网+"战略的方向,也是提高供给对需求变化的适应能力的重要途径,有助于减轻产业供给结构失衡这个僵尸企业问题诱发因素的严重程度。

"互联网+"之所以能够深度结合各产业并改变产业供给结构,原因在于它自身所具有的六大特质均完美契合了市场化的资源配置导向(马化腾等,2015)。第一,跨界融合。这是互联网最重要的一种特质,因为其本身的工具性或平台性,所以互联网可以像蒸汽或者电力那样作为一种效率驱动力被广泛应用到诸多产业之中去,服务于产业而不是替代产业。第二,创新驱动。资源驱动的粗放型增长模式早就难以为继,实现集约型增长的重点就变为创新驱动下的全要素生产率的提高,而互联网的引入就会带来创新,从而吸引到新资源流入。第三,重塑结构。互联网的发展伴随着原有边界的打破,信息不对称性会被逐渐削弱,交易成本大大减少,这就有可能使原有的经济结构与关系

---

① "互联网+"是指以互联网为平台,通过云计算、物联网、大数据等信息通信技术在传统行业的跨界融合与应用,推动行业的优化,从而创造出新的产品、新的业态与新的模式。

结构发生巨变。第四，尊重人性。互联网的背后是人的连接，因此重新将人的需求放在首位，比如对用户体验的敬畏、对个人创造性的重视，都体现了对人性的最大尊重。第五，开放生态。互联网的引入能够带来一种开放性和包容性，从而消除掉原有的制约创新的不利因素，鼓励信息交换而不是保护自我封闭，从而促进交互、分享、融合与协作。第六，连接一切。互联网所实现的互联互通背后是各种生产要素的互联互通，这强化了市场机制的作用，有助于实现生产要素的优化配置。总之，互联网的特性促使"互联网+"如同潮水一般漫过各个产业的低效点，与传统行业进行融合，引导着资源的重新配置，从而创造出效率更高的新业态。

我国制造业需要积极寻求并适应与"互联网+"的跨界融合，这有助于提高供给对需求变化的适应能力并且合理有效地控制产能规模。在传统的制造业生产消费模式下，生产者与消费者之间的联系是单向的，完全体现了生产决定消费的规律，但在很大程度上忽视了消费反作用于生产的规律。随着经济的发展和后工业化时代的到来，个性化、差异化的需求开始逐渐占据重要地位，并且与固有的单向联系模式产生矛盾，结果演变成供给与需求不相匹配的结构性矛盾。通过互联网技术的引入，生产者能够迅速地了解消费者的愿望、接受消费者的反馈、与消费者进行互动，实现大规模的个性化定制与精准的柔性化生产，从而充分体现消费反作用于生产的规律。传统企业借助"互联网+"更容易实现差异化竞争战略，从而提高企业业绩（杨德明和刘泳文，2018）。一方面，互联网能够使消费者参与到产品研发的过程中，使产品从设计之初就带有对消费者需求的针对性，这是"互联网+制造业"对供给的"质"的影响。另一方面，通过云计算、大数据等互联网技术的运用能够对消费者整体的需求变化趋势做出科学的预测，使各个企业根据市场需求信息合理增减产能规模或者选择进入和退出某个行业，这是"互联网+制造业"对供给的"量"的影响。因此，互联网的运用能够降低信息不对称的程度，提高供给应对需求变化的灵活性，减轻产业供给结构的失衡。

此外，我国制造业应当抓住"互联网+"的战略机遇期，积极利用新科技培育和发展新产业。当前以大数据、区块链、物联网、人工智能、量子通信等为代表的新一轮科技革命和产业变革正在兴起，信息技术前沿科技成果纷纷走出实验室进入产业化阶段，催生出大量制造业的新产业与新业态。一方面，新供给引致新需求，新产品开辟出新市场，新产业和新业态的出现直接为制造业增添了充分满足需求的有效供给成分。另一方面，具有广阔市场前景的新兴产业的蓬勃发展也使得传统落后产业所占的比重相对减少，从而通过"增量改革"的方式优化产业结构，降低诱发僵尸企业问题的风险。

三、推行区域差异化策略促进产业转移承接

我国幅员辽阔，东部、中部、西部和东北部地区间要素禀赋差异很大，因而比较优势各不相同。然而我国过去多年来实施的选择性产业政策很少考虑区域差异化的因素，巨大的优惠力度掩盖了比较优势的判别标准，从而导致投资像浪潮般一波又一波地涌向政策支持的产业，形成"潮涌现象"。这不仅带来供给与需求的脱节，更造成资源利用效率的低下。产业的发展违背地区比较优势是导致该地区产业供给结构严重失衡、行业内企业自生能力被削弱的重要原因之一。由于没有根据地区资源禀赋和比较优势制定区域差异化的产业规划，风电和光伏产业作为国家战略性新兴产业曾经得到各种政策支持，但是短短几年之内就在全国发展至产能过剩，出现大量依靠电价补贴为生的僵尸企业。经过多年发展，我国的地区间比较优势又发生了较大变化。因此在大国雁阵理论模式下推行区域差异化策略，促进地区间产业转移和承接是提高资源使用效率、减轻产业供给结构失衡的一个重要途径。

雁阵理论是关于产业在区域间转移承接的理论，通过以日本为"领

头雁"、以亚洲四小龙、东盟国家以及随后的我国沿海地区为"追随雁"的比喻，描述了劳动密集型产业在东亚地区的转移次序。雁阵形式的产业转移的根源与动力是比较优势的动态变化，即随着一个国家或地区经济的不断发展，其必然经历剩余劳动力逐渐减少，人口红利消失、投资活动频繁，资本逐渐积累、人力资本富集，技术创新涌现的各个阶段。大多数国家或地区最初都是以丰富的劳动力为比较优势的，往往作为发达经济体劳动密集型产业转移的主要承接者。随着发展阶段的递进，它们成为新兴经济体之后，相比于发展更晚的经济体而言，逐渐丧失了在劳动力资源上的比较优势，而在资本与技术上的比较优势逐步清晰和确立，产业的发展也逐渐开始承接资本密集型产业并将劳动密集型产业转移出去。

对于我国而言，比较优势的差异大到在国内地区间就已经非常明显的程度，这意味着在我国国内就存在产业转移和承接的基础。长期以来由于地方政府对经济干预程度较高，人为规划地区产业结构的现象明显，造成我国不少地区的产业结构严重违背或超前于当地比较优势。例如，珠江三角洲地区凭借区位优势较早形成发达的简单劳动密集型产业，却造成了对简单加工出口的路径依赖，导致以高科技产业和熟练劳动密集型产业为主的产业结构首先在后起的长江三角洲地区形成，东北地区则形成以资本密集程度更高的装备制造等重化工业为主的产业结构（蔡昉等，2009）。随着经济的发展，地区间比较优势也在发生动态变化。例如，对于东部地区而言，由于总量一定以及不能转移，土地资源变得越来越稀缺，而在户籍的限制之下劳动力资源也出现了结构性短缺现象。总之，原有产业布局与现有比较优势的矛盾变得越来越明显，在区域差异化条件下促进产业的转移和承接将成为必由之路。

我国应当充分发挥市场在资源配置中的决定性作用的前提下，消除阻碍生产要素在区域间自由流动的不利因素，促使产业在东中西部和东北部自发产生转移与承接的趋势，从而形成区域间产业的合理布局与分工。产业的转移与承接方向主要根据地区间相对比较优势判断合理性，例如，东部地区的原材料加工业、纺织和服装业、石油化工业发达程度最高，但日益受到劳动力成本、土地资源和环境条件的约束，应逐步从这些产业退出，改为发展能充分利用自身资金、人才、技术优势的产业。具体而言，东部地区应当积极承接国际高技术产业和现代服务业转移，努力增加自主知识产权与核心技术数量，将电子信息产业、交通运输设备制造业、通用设备制造业、电气机械及器材制造业等行业作为支柱产业，并逐步退出初级产品制造行业。中部地区与东北地区应当充分利用相对丰富的劳动力资源优势承接东部地区转移出的劳动密集型产业，加快农副食品加工业、食品制造业、纺织和服装业的发展。西部地区资源与能源禀赋优势明显，可以完善自身的产业链，积极承接一些原材料加工业与石油化工业的转移。总之，产业在区域间的合理布局与分工将减轻产业供给结构失衡的程度，符合比较优势的产业发展也提高了行业内企业的自生能力，有助于我国制造业僵尸企业问题的解决。

第二节　企业层面：提升市场主体供给质量

一、加强知识产权保护提升企业创新动力

对于制造业企业而言，提升自身供给质量是避免沦为僵尸企业的核心所在。尽管创新是市场主体供给质量提升最重要的来源之一，但是企业却并不总是有充足的动力去实现创新，主要原因就在于创新具有利益外溢性。一般来说，创新者不可能得到新发现或新发明理论上所能提供的全部市场垄断租金，反而是大部分利益都被那些对该项创新没有做出任何贡献的模仿者得到了，却往往没有对创新者给予任何

形式的补偿。创新本质上属于系统性试错行为，导致创新过程中存在着大量的沉没成本，这些沉没成本能否在未来的产品市场上得到补偿的预期就决定了企业是否愿意在当前投入足够多的资源去进行创新。由于模仿成本几乎总是远低于创新成本，试图"搭便车"的企业总是无处不在，并对创新者的回报预期构成威胁。因此，加强知识产权保护就成为提高创新者回报预期、提升企业创新动力的必要举措。

当然，创新的外溢效应有助于提高模仿者的供给质量，从而可能会增进整个社会的福利水平，但这毕竟是在牺牲创新者自身部分收益的前提下才能取得的。因此，创新外溢造成的社会贡献与创新者的创新动力之间就存在此消彼长的替代关系，或者说知识产权保护与新产品的总产出存在一种倒 U 形关系，需要从中取得最佳的平衡点。一些现有研究（蔡虹等，2014；刘思明等，2015）表明，我国的知识产权保护力度仍在临界点左侧，强化知识产权保护有助于绝大多数企业提升创新水平。一方面，我国对知识产权保护的不到位导致了创新者能够从创新中所获得的市场垄断租金极低，自主创新的沉没成本并未获得能够在未来得以补偿的预期。我国创新外溢程度过高，严重的产品模仿使产品的最终价格不能涵盖创新者的沉没成本。一旦创新收益期望回报率低于补贴收益率，大量的企业即进行以补贴寻求为实质目的的策略式创新，无益于企业供给质量的真正提升。另一方面，知识产权保护的薄弱和缺失导致模仿者无须对创新者提供任何形式的补偿，模仿者可以凭借模仿成本低于创新成本的优势立即与创新者在市场上打"价格战"，出现"劣企驱逐良企"的不合理现象。

反之，如果知识产权保护能够保证创新的使用者向技术的拥有者支付一定的使用费或者提供其他形式的补偿，则从长期来看无论是对创新者还是模仿者都是有利的。一方面，创造出某项专利的企业可能在创新能力上具有某种优势，但其未必是最能够将创新的价值在最终产品上反映出来的企业。技术专利许可费用的存在会使市场自动选择出最能有效投入使用该创新的企业，提高了技术这个生产要素的使用效率。另一方面，有利可图的专利技术许可交易能够带来弥补创新沉没成本的预期，从而刺激创新研发的资金投入，促使企业有充分的动力去充当创新者的角色。

在当前我国知识产权保护力度薄弱、知识产权执法过度宽松的背景下，需要采取合适的方式适度加强知识产权保护力度，通过合理的激励机制进一步提升企业的创新动力。知识产权保护力度的加强程度应根据产业异质性而有所差异。尤其是对于人力资本水平高、技术创新是盈利核心来源的产业应当实施相对严格的知识产权保护，因为这样更好地维护了"创新市场"的市场秩序，激烈的竞争能够提高市场主体的活力，更有效地配置生产"创新"这一产品所需要的生产资源。而对于目前与发达国家技术水平差距较大的产业，则可以采取相对宽松的知识产权保护，为人力资本的积累和技术赶超争取时间。但是同时要使此类行业中的企业普遍产生知识产权保护逐渐加强的预期，从而提前形成应对激烈创新竞争的危机意识，注重研发人才的培养和研发资本的投入。

具体而言，知识产权保护强度应当随着制造业各行业技术密集度的递增而增强，即在低技术产业、中技术产业和高技术产业之间呈现保护强度递增的差异性。低技术产业主要是劳动、资源密集型传统产业，如食品制造业、纺织业与服装制造业，具有技术含量低、改进空间小的特点，可以采取最为宽松的知识产权保护强度，保证劳动力与资源的比较优势可以充分发挥出来。中技术产业多为资本密集型产业，发展较为成熟但具有一定的核心科技，如汽车制造业与装备制造业。我国在这类产业上与发达国家存在不小的技术差距，技术引进的比例仍然相当高。这就需要采取有计划的知识产权保护措施，既为实现技术追赶争取时间，又为危机意识和自主创新紧迫感的形成奠定基础。高技术产业如战略性新兴产业和信息技术产业等则是知识产权保护的重点。创新是行业中的企业保持竞争力的根源，因而必须通过对知识产权的保护强化对企业进行实质性而非策略性创新的激励，切实提高市场主体的供给质量。

二、激发企业家活力催生高效率民营企业

如果一个经济体拥有丰富的劳动力、资本与先进的技术，那么充其量只是具备了建立企业和生产产品的基础条件。如果只是将注意力集中在这些生产要素的丰裕度上，那么将完全无助于建立高效率的企业。换言之，企业家作为把生产要素组织起来进行生产并不断改进组织方式的人才是提升企业这个市场主体供给质量的重要因素。

在微观经济理论中，市场均衡是指一种资源已经尽其用、不存在超额利润的稳态，但是现实中的经济基本上不可能处于这样的状态，企业家所做的事就是利用市场中的不均衡状态获取超额利润。一方面，企业家的职能在于发现机会，即寻找市场中潜在的不均衡。企业家往往通过察觉现有市场上供给结构与需求结构的不匹配之处，发现何种需求还没有得到满足，从而决定投资前景光明的领域，进入没有被开发完全的市场，并且采用成本最小化的生产要素组织方式，生产符合利润最大化原则的产量。作为发现机会的生产者，企业家的任何活动都是以满足市场需求为目标的，优秀的企业家甚至可以引导和创造出新的需求，因此他们总是致力于将要素市场上闲置的资源转化为用于满足消费者尚未满足的需求的产品，从而使企业生产的产品成为有效供给。另一方面，企业家的职能在于组织生产要素，即按照一定的比例和结构把生产要素组合起来进行生产。企业家在发现机会之后需要将其完美变现，这依赖于组织生产要素时的方式和想象力。在既定生产要素的前提下，不同的组织方式会带来不同的投入产出效果，从而企业家建立的"生产函数"的好坏就决定了企业的效率。企业家在市场中面临激烈的竞争和失败的风险，他们组织生产要素的方式必须经受市场机制的考验，因而不得不持续做出改进，避免企业沦为无效供给主体。

发现机会和组织生产要素的职能似乎政府也可以实现，国有企业也具备强大的组织生产要素的能力。那么政府可以代替企业家或者国有企业可以代替民营企业吗？答案一定是否定的。与企业家相比，政府确实在生产要素的获取方面具有相当大的优势，企业家只能凭借收益的诱惑而政府却可以采用超经济的强制。但是能够轻易获取生产要素不等于能够合理使用生产要素，政府不以追求利润最大化目标为己任的性质就决定了其失去孜孜不倦地追求最优生产要素配置方式的必要性，资源的使用效率就无法持续提升。国有企业也具有相类似的地方，它们在生产资源的获取上凭借自身的垄断地位与特权而占有一定的优势，但由于所有者缺位和社会性负担等因素的共同作用导致国有企业也难以具有始终不懈追求最优生产要素配置方式的动力。如果将企业分为三个层次：第一层次的企业创造市场上前所未有的需求；第二层次的企业满足市场上已经表现出来的需求；第三层次的企业只是按照订单进行加工和生产，那么国有企业可能只能达到最后两个层次。由于持续提升供给质量对于国有企业而言并非像民营企业那样深刻地关系到"生死存亡"，因而国有企业的经理人限于职责所在而不能充分发挥民营企业家在市场中所表现出的冒险精神与创新精神。总之，政府无法代替企业家的作用，而国有企业也不能超越民营企业成为提升市场主体供给质量的主力。

催生高效率的民营企业需要进一步激发企业家的活力，促使大众之中更多的精英分子能够投身于创新创业的浪潮中去。企业家凭借敏锐的洞察力发现机会固然重要，但更重要的是他们能否顺利地将发现的机会变为现实。机会变现的过程即在组织生产要素进行生产的过程中面临的难度与干扰才是抑制企业家活力的根本所在，因此必须致力于减少这一过程中的制度性交易费用，提高企业家的成功预期。一方面，应当营造公平竞争的市场环境，促进民营企业能够与其他不同所有制的企业进行公平竞争。这包括减少市场竞争性领域中国有企业的垄断，打破市场准入的行政性壁垒，消除金融机构对民营企业的歧视，降低民营企业的融资成本等。另一方面，应当通过给企业减税和减费去减轻大量民营企业尤其是中小民营企业的资金负担，给予企业家精神更多的发挥空间。在当前劳动力成本快速上升、融资成本居高不下的条件下，只有当税负和费用真正减轻了，企业家承担的风险与压力才会减轻。这有助于企业家发现更多潜在的良好机会，愿意投入资金和继续改进技术，从增量与存量上共同提高市场主体的供给质量，最终以企业家活力为有效供给源头去提升制造业企业对"僵尸化"的抵抗力。

三、鼓励企业服务化转型实现价值链攀升

制造业企业服务化是指，制造业企业由原来仅仅提供实物产品向提供实物产品以及使该产品功能优化的一系列服务转变的过程。随着制造业与服务业的融合日益加深，制造业企业的服务化也成为工业化后期国家制造业发展的主要趋势。从价值链的角度看，一个完整的制造过程除了显性的加工制造环节之外还包括隐性的研发、设计、物流、销售、安装、维修等属于服务性质的环节，这些环节才真正构成了价值链上价值增值空间的核心。由此可见，服务的提供是天然蕴藏在制造业之中的，鼓励制造业企业服务化转型就是将服务在其中的增值潜力发挥出来，提升制造业企业供给对需求的适应性，从而降低沦为僵尸企业的可能。

制造业提供的服务活动经历了一个不断高级化的过程。最初，制造业企业仅仅提供作为实物产品必需附属品的基本服务，局限在产品提供和质量保证上。随后，制造业企业开始提供围绕实物产品的中等服务，如安装调试、保养维护和技术支持等。现今，一些制造业企业逐渐聚焦于提供以管理产品功能为核心的高级服务，使产品最大限度地发挥和扩展其使用价值，如个性化定制以及其他增值服务。与此同时，服务在制造业中的角色定位也随之发生了从质量弥补到差异化竞争再到利润创造的变化。我国进入工业化中后期之后，制造业产品同质化

明显,企业服务化就成为迅速取得产品差异化竞争优势的关键所在。更重要的是,位于价值链底端的加工制造环节普遍实现了高度自动化和标准化,在未取得技术突破的前提下已经不具有较大利润空间。因此,我国制造业企业需要更多地关注价值链上游的研发、设计和下游的品牌、售后环节,通过服务化转型提高产品的附加值,实现价值链的攀升。在这个过程中企业与顾客的关系链被延长,产生互动的机会增加,导致消费者的意见反馈越来越受到重视,制造业企业的供给也越来越主动地去适应客户的需求,因而制造业企业的服务化有助于制造业企业成为市场中的有效供给。

然而,我国制造业企业对于服务化转型的战略思路往往陷入"不足"与"过度"两个极端。一方面,有的企业认为服务化只是高新技术行业中少数领先企业的目标,大多数企业没有能力也没有必要进行服务化转型。但实际上在几乎所有的传统产业中,制造业企业自身也都可以完成不同程度的服务化尝试。例如,饮料制造业企业可以将产品外包装根据庆典、节日、特定人群等进行个性化定制和设计;化肥制造业企业可以在测量客户土壤状况之后根据种植作物提供定制肥料;汽车制造业企业可以提供汽车的便捷租用服务等。另一方面,有的企业在自身实力和资源有限的情况下过度进行服务化,片面追求提供服务的多样性和新奇性。纷繁复杂的各项服务不一定都能给市场上的消费者创造足够的价值,反而会因为资源和精力分散而降低服务的质量与体验,从而导致企业服务化转型的失败。因此行业内拥有不同竞争力的企业,服务化转型的目标应当有所差异。对于个别行业领导者企业,可以专注于价值链上游的研发设计环节,致力于打造品牌价值,而将加工制造环节完全外包出去,实现去产能化;对于大多数行业中上等企业,可以由仅提供产品改为提供一体化解决方案,将价值链向下游服务环节广泛延伸,实现产能软化;对于少数行业内较为落后的企业,则仍需要以生产实物产品为核心并且努力实现客户个性化定制,提高对市场需求变化的适应性。

　　我国应当为制造业企业服务化转型营造良好的外部市场环境。首先，增加公共信息的开放供给。制造业服务化转型高度依赖对行业、企业以及客户的数据分析，但相关政策管理部门对公共数据的开放程度依然较低。因此在保护企业机密和个人隐私的前提下对市场信息进行加工之后，对外开放有利于与制造业的信息化相得益彰，提升服务化转型的效率。其次，消除服务业市场的行政垄断。尽管制造业大多数行业已经对民营资本开放，但在服务业尤其是生产性服务业的不少行业中仍然存在行政垄断因素，国有资本在竞争性领域的垄断不利于制造业企业价值链的延伸，应当进一步打破民营资本的市场进入壁垒。最后，发挥成功企业试点示范效应。制造业企业的服务化转型已经具有一批先行者，应当在总结先行者成功经验和失败教训的基础上加大对服务化转型相关信息的宣传力度，为后来者提供有价值的参考信息，激发大量制造业企业服务化转型的潜能。

第三节　制度层面：推进市场体制机制改革

一、健全市场退出机制，提高破产程序效率

　　由于我国制造业僵尸企业的形成与危害都与政府过度干预市场有关，因此在治理僵尸企业问题时不宜再过多引入政府的力量。通过"一刀切"的方式判定僵尸企业并采取行政干预手段强制予以清退必然容易再次过度引入政府干预，即"以干预手段治理干预后果"，可能会带来更复杂的寻租问题。在政府不再进行"救助"的情况下，通过完善市场体制机制，依靠市场力量的选择作用和倒逼机制，从而让失去自生能力的僵尸企业自行退出是最好的选择。在这种情况下，健全现有的市场退出机制以及提高破产程序的执行效率就成为"减少存量"思

路实施的关键。

企业退出市场是市场竞争和优胜劣汰的必然产物，依法破产清算则是低效企业退市最为重要的渠道。然而，目前我国的市场经济体制中仍然存在诸多不健全的地方，司法体系在企业通过法律途径退出市场方面的制度建设相对滞后，破产程序执行效率的低下导致大量僵尸企业无法及时通过合理合法的方式退出市场，反而在无形中"帮助"延续了很多僵尸企业的寿命，大大削弱了市场机制本身的调节功能。因此，健全市场退出机制一方面有利于减少丧失盈利能力企业在市场作用下的退出障碍与阻力，降低这些企业"僵尸化"程度的进一步加深；另一方面也有利于硬化企业破产约束和形成危机预期，从源头上对企业的投机和冒进行为产生抑制作用。

《中华人民共和国破产法》作为我国企业破产程序的法律核心，构建了比较完整的重整、和解以及清算程序，但相对于《中华人民共和国公司法》这部日渐成熟的市场进入法而言却表现出很多不健全之处。《中华人民共和国破产法》执行架构烦琐，破产程序冗长，费用代价高昂，导致许多企业在金钱上"耗不起"，在时间上"等不起"，从而选择主动放弃这条法律途径。而且，金融税务相关配套制度缺失，导致银行的坏账核销与税务机关的清税流程都给企业顺利退市造成障碍。更重要的是，破产案件审理机构的专业性不足，我国不仅缺失专门审理破产案件的破产法院，而且也不具有真正意义上的破产审判庭，不利于相关经验的获得与积累。

破产程序执行效率低下是上述诸多因素共同导致的结果，而国有企业在此机制之下的退出难度更大。首先，国有企业破产申请难以得到法院独立受理。国有企业的破产退市对当地经济增长、税收贡献和就业稳定等具有较大的短期影响，关系到地方官员的政绩考核，形成了地方政府的干预动机。地方政府干预法院审理进程，甚至要求退回企业破产申请的情况时有发生，导致法院对国有企业破产案件产生畏难情绪。其次，国有企业破产退市难以实现各方利益协调。对于政府一方，除非企业所处地理区位具有很高的房地产开发价值或者企业拥有某种资源优势，否则其退市所带来的巨大成本负担都需要由地方政府承担，造成巨大的财政压力。对于企业一方，企业下岗职工的安置并不容易。僵尸企业问题多发的行业多是传统重化工行业，职工技能专用性强且拓展性低，在其平均所处的年龄层级上很难通过再培训进入新的劳动岗位，这给政企双方利益的协调带来了困难。最后，国有企业存量资产难以盘活。传统重化工业的国有僵尸企业破产之后其本来就属于落后过剩产能的资产难以变现或者再利用，不能盘活的资产只能贱卖，造成国有资产流失的同时也给作为其主要债权人的国有银行带来巨额损失。因此，我国制造业僵尸企业"减少存量"首先要健全以破产法为核心的市场退出机制，其次则要针对国有企业尤其是国有中小企业的退市困难予以补偿，引导国有僵尸企业顺利退市。

健全市场退出机制需要从破产程序和配套制度两个方面入手，双管齐下共同提高企业通过司法途径的退市效率。针对现行破产程序，应当在以下方面有所改进：一是法律细化规定企业出资人在破产清算中承担的责任。一旦企业由于某种原因需要遵循法定破产程序退出市场时，出资人必须按照破产法相关规定在一定期限内履行清算义务，任何违背法律法规的行为都应当追究出资人责任，从而首先对市场主体行为进行规范。二是明确划分行政权力在企业破产程序中的边界。通过提高破产程序的司法属性来发挥法院在破产程序中的主导作用，严格限制行政权力干预破产程序执行的空间，尤其是避免地方政府对破产程序的直接介入，对于债权债务金额重大的破产案件应当实行异地审理。三是全面优化破产程序。确立简易破产程序以降低退市企业的时间成本，减少资产评估、审计、拍卖费用以降低退市企业的金钱成本，形成对市场主体通过司法途径退出的激励。四是设立和完善专门的破产法院。通过提高破产审判机构的专业性增进案件审理的经验积累，提高案件审判效率。针对现行配套制度的缺失，则应当补充和完善金融、税务以及工商登记的相关规定，以提高各相关部门间的协调性。

对于国有企业而言，在市场上有竞争力的可以做大做优，而失去自生能力和沦为僵尸企业的要坚决退市。鉴于国有企业的特殊性和处置难度，各地方国资委可以建立僵尸国有企业的处置方式分类系统，力图减轻中央政府与地方僵尸企业之间的信息不对称，提升僵尸国有企业的处置效率。首先，以修正的 FN-CHK 识别法为基础，结合过度负债法或连续亏损法对满足条件的国有企业做出预警。其次，建立僵尸企业动态数据库。录入被预警企业的营业执照年审、增值税缴纳、电费缴纳、银行欠息等情况作趋势监控。若经营指标连续两年未显示转亏为盈，则判定为待处置僵尸企业；若好转则根据其所属行业特征确认并退出数据库。最后，对待处置僵尸企业进行处置方式分类判定。从盈利能力、运营能力、生产技术等维度选取指标构建兼并重组分数，从所属行业、偿债能力、持续亏损程度等维度选取指标构建破产清算分数，作为适用处置方式的参考标准。

实际中解决国有企业退市的困难则还需要在健全的市场化退出机制基础上再加以一定的财政补偿。中央政府可以制定相关政策以实现激励相容，保障僵尸企业退市过程的平稳有序推进。一方面，对于少数大型国有企业集团的落后无效产能应当及时分离，将现有资源集中到符合市场需求的领域中，以避免某个"部位"的病症传染至"全身"。另一方面，对于大量中小型国有企业则首先判别能否兼并重组，不满足兼并重组条件者可以由中央政府一次性承担下岗职工安置费用，从而帮助实现地方政府与企业之间利益的协调。

二、完善金融市场制度，培育独立市场主体

由于企业的信贷软约束是导致僵尸企业存续的主要原因之一，因此在解决我国制造业僵尸企业问题的过程中，构建有利于维系银行和企业间正常市场化关系、消除企业信贷软约束的市场制度就成为"控制增量"思路的一个重要部分。前文中已经提到，正常银企关系的建

立需要完善的市场制度和独立的市场主体两个条件同时满足，这样才有利于市场机制在信贷资源配置中发挥决定性作用。然而，一方面，我国的金融市场在市场准入、规则体系以及运行机制上存在不足，导致信息不对称产生的后果被放大，市场机制作用受限；另一方面，我国以国有企业为代表的一批市场主体并不独立，国有企业仍然不是真正意义上能够独立参与市场竞争和承担竞争失败后果的市场主体，政府干预的力量同样对市场机制形成了制约。

我国金融市场制度的不完善主要造成以下影响：一是金融机构与企业客户之间存在严重信息不对称。经营较好的企业不缺钱，经营较差的企业想方设法地借钱，形成了逆向选择。借到钱的企业也可能不按照合同约定从事经营活动而进行投机冒险，形成了道德风险。由于我国企业信用体系建设的滞后，信誉机制的缺乏导致交易成本提高，银行只能通过提高抵押和担保要求来降低信息不对称带来的风险，这就将一部分有前途但轻资产的企业拒之门外。当信息不对称程度足够高时，抵押担保机制也会失效，银行为了规避风险会倾向于将信贷资源给予具有政府隐性担保的国有企业，成为资源错配的开端。二是金融产品创新相对滞后。相对于了解客户需求的基层行而言，银行总行缺乏对不同客户需求的直观认识，却将金融创新的权限完全控制在手中。这种与需求脱节的情况导致金融产品创新动力的匮乏，银行容易满足于以信贷为主的单一化盈利手段，无形中产生对大企业大客户的过度依赖，不利于风险分散。三是投融资体制市场化程度低。我国金融市场运行体系不健全，以价格形成为主要形式的市场运行动力不足，再加上过多信贷资源的实际支配权掌握在政府手中，导致信贷资源配置极易受到政府干预，加剧金融市场的扭曲。

以上不良影响可能共同引致企业信贷软约束的产生，因此必须向有利于维持市场化银企关系的方向来完善我国金融市场制度。一方面，应当进一步解除不必要的市场管制，支持金融机构面向市场需求的服务创新和产品创新。金融机构应当基于实体经济发展的需要进行金融创新，不断优化发展理财、代理、托管、结算、咨询等中间业务服务和创新产品。这样不仅能够更好地与各类企业的需求相对接，也为银行找到更多盈利空间，使银行跳出以信贷业务为主要盈利点、以国有企业和大型企业为主要客户的固有思维模式，提高对中小企业的金融服务水平，为银企关系发展的良性循环创造突破口。另一方面，则应当致力于减轻信息不对称造成的市场扭曲和失灵。通过深化企业信用信息平台建设，实现企业信用档案数据银行间共享，并且逐步优化现有企业信用评价体系，促使信誉机制在市场中发挥作用。通过金融法律法规的建立健全填补法律漏洞，并加强执法力度和透明度，为金融生态环境提供司法保障。

此外，目前我国国资国企体量庞大，但国企改革仍然任重道远。由于国有企业管理模式依然行政化色彩浓厚而市场化程度不足，再加上我国职业经理人市场尚未发育成熟，一方面导致政企不分、政府间接干预企业自主经营的现象时有发生，政府"管人管事管资产"，超越《中华人民共和国公司法》规定，限制了国有企业的市场活力；另一方面也未能彻底消除国有企业的社会性负担，"企业办社会"问题的存在实质上给了国企要求政府给予隐性破产担保和救助的借口。基于以上，国有企业仍然未成为真正意义上的能够独立参与市场竞争和承担竞争失败后果的市场主体，在政府的过度干预下市场机制难以发挥配置资源的决定性作用，容易衍生出非正常的银企关系，产生由企业到银行再到政府的风险转移链。

因此，培育独立的市场主体需要从国企自身体制机制改革和国资委管理职能转变优化两个方面入手。对于国企自身体制机制而言，首先，应当继续拓展混合所有制经济改革，通过引入民间资本形成有效监督机制，减轻"内部人控制"危害，提高国企运营效率；其次，应当全面推进公司制改制，通过建立现代企业制度为独立有序地参与市场竞争奠定基础；最后，应当不断完善现代国有企业治理体制，积极探索职业经理人选聘制度和员工持股制度，通过高级管理人员来源市场化、管理契约化、考核规范化以及员工激励体系的形成，依靠市场力量解决委托代理问题，进一步提高国企在市场中的效率和自主竞争力。对于国资委管理职能而言，则需要坚持以管资本为核心，合理化并明确出资人监管权力以及承担责任的边界，真正实行简政放权，不对国有企业依法自主经营施加干预，形成企业硬预算约束预期，从而落实国有企业的独立市场主体地位，减少国企僵尸化风险。

三、降低政府干预程度，推动产业政策转型

除了非正常银企关系导致的信贷软约束之外，企业也可能过度追逐政府的税收减免和财政补贴，在补贴软约束的条件下成为僵尸企业，因此降低政府对市场经济的干预程度、推动产业政策的转型就构成"控制增量"思路的另一个重要部分。在市场经济体制下，政府的主要职能应当局限在规范市场秩序以及保障市场的公平竞争上，只有明确政府权力干预的边界成为有限政府，才能对企业形成提高效率而非寻租的激励，才能产生合理的政企关系从而减少或消除补贴软约束。

我国多年来奉行和过度依赖需求侧管理，把通过政府投资刺激经济的方式看作解决各种问题的良方，形成了政府直接干预经济的惯性思维。然而资源的配置只能通过政府和市场两种渠道，政府对市场的干预越多则资源通过市场分配的比例就越少，从而激励企业努力建立与政府的政治关联或者盲目进入产业政策支持行业，这就蕴含着资源配置扭曲的风险。由于政府信息获取的不完全性，其主导的资源配置存在与市场需求的脱节。在这种情况下，巨额的政府资金投入与补贴就会诱导与地方政府关系密切的国有企业和大型支柱企业凭借政治关联优势为自己争取更多的补贴和优惠。而且，越是经营效率和盈利能力低下的企业越具有这样做的激励，容易形成补贴软约束并滋生出僵尸企业。

另外，自 2013 年以来我国第二产业在 GDP 中的占比开始低于第

三产业，说明我国在相对较低的收入阶段就已经出现制造业增加值占比快速下降的"去工业化"趋势。接受制造业对短期内经济增长贡献率下降的事实意味着，制造业的定位已经由过去维系经济增长和吸收剩余劳动力的主导产业转变为承载国家核心竞争力和保障国家安全的战略部门，通过任何形式的刺激政策试图快速提振制造业增长率既是不必要也是不可取的。因此我国制造业战略定位的转变意味着地方政府应当深化行政体制改革，减少政府对实体经济的直接干预，真正让市场在资源配置中发挥决定性作用。具体而言，一方面，政府需要进一步简政放权，尤其是向市场放权，明确自身在市场中的权力边界，减少对微观事务的管理和参与，成为有限政府；另一方面，政府需要进一步提高履职效率，简化行政审批环节，优化监管机制，增加制造业市场主体参与市场经营活动的便利程度。

在我国，政府过度干预市场在制造业中的典型表现是强选择性产业政策，这类产业政策过多过细地用政府选择去代替市场选择，为企业积极寻租进而引发补贴软约束创造了条件。因此我国应当进一步推动产业政策转型，以提供信息和协调秩序的功能性产业政策为主，以指向通用和共性技术的结构性产业政策为辅，真正把产业政策作用的发挥建立在完善市场机制的基础上。对于功能性产业政策而言，其以完善市场制度、补充市场不足为目标，政府应当将工作重心放在建立有助于促进技术创新和扩散应用的市场环境上，并健全保持市场机制发挥作用的各项制度。具体地，一方面，应当尽快搭建新兴产业技术信息交流共享平台、发明专利授权与科技创新成果交易平台、产学研合作对接一体化平台等公共服务平台，降低信息获取和技术扩散的交易费用；另一方面，应当继续完善《中华人民共和国反垄断法》《中华人民共和国反不正当竞争法》《中华人民共和国消费者权益保护法》等构成的维护市场秩序的法律体系，强化市场机制下的优胜劣汰选择，对企业形成努力提升效率的生产性正向激励，而非寻求补贴和租金的非生产性负向激励。

对于结构性产业政策而言，则不可再将资源配置的导向过多过强地指向某些企业甚至是某个产业，而需要将资源配置的导向转换到未来可预见性较强的通用技术和基础科学上来。与此同时，在政策工具的选择上也应当灵活组合。由于信息不对称的存在，财政补贴存在被挪作他用的道德风险，税收补贴也会扭曲企业研发支出结构，二者都可能导致企业进行"策略性创新"而非"实质性创新"。因此不能再过度依赖政府提供财政补贴和税收优惠，而应当鼓励产业基金的设立和运营，结合市场化的甄别与选择力量弥补政府信息不对称的缺陷，以更好地促进新技术的发展与应用。

本章小结

制造业僵尸企业问题是进一步完善我国社会主义市场经济体制过程中亟待解决的一大障碍，必须坚定不移地解决我国制造业僵尸企业问题。然而僵尸企业成因复杂，从供给侧的视角来看既有产业供给结构的失衡，又有市场主体自身供给质量的低下，更出于市场体制机制的不完善，因此解决僵尸企业问题同样也需要从多方面共同发力，协同推进经济结构调整与体制机制改革。

基于经济结构调整的角度，本章首先从产业层面提出减轻产业供给结构失衡的对策，这包括借助"一带一路"建设提供的平台创造合作机遇，化解过剩产能；推进"互联网＋"战略培育新业态，增强供给对需求变化的适应能力，合理有效地控制产能规模；推行区域差异化策略促进产业转移承接，提高资源的使用效率。进一步地，本章从企业层面提出提升市场主体供给质量的对策，这包括加强知识产权保护提升企业创新动力，强化对企业进行实质性而非策略性创新的激励；激发企业家活力催生高效率民营企业，促使大众中更多的精英分子能够投身于创新创业的浪潮中去；鼓励企业服务化转型实现价值链攀升，提升制造业企业的盈利能力，从而降低沦为僵尸企业的可能。

最后，体制机制改革是解决我国制造业僵尸企业问题的题中之义。首先是健全市场退出机制，提高破产程序效率。健全现有的市场退出机制，提高破产程序的执行效率是"减少存量"思路实施的关键所在。对于"控制增量"思路而言，其一，要完善金融市场制度，培育独立市场主体。为了维系银行和企业间的正常市场化关系、消除企业信贷软约束，需要同时具备完善的市场制度和独立的市场主体。其二，要降低政府干预程度，推动产业政策转型。只有明确政府权力干预的边界成为有限政府，才能对企业形成提高效率而非寻租的激励，建立起合理的政企关系从而减少或消除补贴软约束。

第八章

研究结论与展望

　　本书基于供给侧改革的视角对我国制造业僵尸企业问题从现状、危害、形成机理、国际比较以及对策建议等方面进行了一个较为完整的研究，试图建立一个在中国情境下分析僵尸企业问题的理论框架。在这一章中将简要地总结本书的研究结论，揭示其含义和从中得到的相应启示。其次,本章对全书研究可能实现的创新之处做了说明。此外,本章也将对未来僵尸企业问题的研究方向做出展望。

第一节　主要研究结论

　　僵尸企业问题本质上是一种无效或低效供给长期无法退出市场的问题，解决对策在于如何淘汰旧供给并转换为新供给，如何减少无效供给并增加有效供给；解决目的在于释放僵尸企业占用资源，实现资源的重新配置以提高全要素生产率。这与供给侧结构性改革一脉相承，因此需要从供给侧的视角切入分析。本书的主要研究结论如下：

　　第一，我国现阶段的制造业僵尸企业问题不是周期性问题，不能通过刺激政策解决。我国制造业长期处于以需求侧为重点的管理模式之下，具有增长方式粗放、生产效率低下、创新能力不足的特点，导致制造业企业作为供给主体对需求的"质"和"量"变化的适应性差，一旦面临需求冲击就会爆发僵尸企业问题。由于刺激政策只能掩盖而不能真正解决供给与需求结构不匹配的矛盾，因此刺激政策对我国制造业僵尸企业问题的缓解效果是短暂的，解决方式需要从供给侧管理入手。

第二，我国的制造业企业从正常企业沦为僵尸企业是一个复杂的变化过程，是很多因素共同作用的结果。首先，产业供给结构失衡是制造业僵尸企业形成的外部诱因。由于产业政策诱导、政府间竞争和宏观经济波动等因素，产业供给结构会发生失衡。在产能过剩的行业，僵尸企业更容易滋生。其次，企业供给质量低下是制造业僵尸企业形成的内在基础。创新能力不足、管理体制不合理以及优秀企业文化缺失这些因素都会导致企业供给质量的低下，从而逐渐丧失自生能力，只有外力扶持才能继续存活。最后，无效供给、无法清除是制造业僵尸企业形成的本质原因。僵尸企业未能被市场的力量所清退得益于银行和政府造成的软预算约束以及低效退市机制的阻碍作用。

第三，制造业僵尸企业对供求匹配产生抑制作用，非国有企业成为主要受害者，而政府干预的加强会加深这一危害。僵尸企业作为无效供给不仅大量侵占有限资源，还破坏市场竞争秩序，加剧正常企业面临的融资约束问题，阻碍了有效供给的增量提质。正常企业作为供给主体适应需求变化的能力被削弱，从而对供给和需求的匹配产生负面影响，即表现为僵尸企业对非僵尸出口企业的出口规模产生挤出效应。由于国有企业的所有制优势，所受僵尸企业的影响并不显著，而民营经济的活力则受制于僵尸企业问题。此外，政府干预因素的负面作用表明行政手段并不利于直接解决僵尸企业问题，促使僵尸企业在市场的作用下自行退出是最好的选择。

第四，解决我国制造业僵尸企业问题的根本在于供给侧改革即体制机制改革，落脚点是建立并维持正常的银企关系与合理的政企关系。首先，进入新常态之后的僵尸企业问题并非周期性问题而是阶段性问题，应该从供给侧的视角重新审视并通过体制机制改革解决。其次，建立正常的银企关系是重要一环。构建完备市场需要同时推进金融市场改革与国资国企改革，解除市场机制在资源配置中受到的制约因素并促使国有企业成为真正的市场主体。最后，建立合理的政企关系是另一个重要环节。推行有限政府需要深化行政体制改革从而减少政府对经济的干预，让市场机制在资源配置中充分发挥作用。

第五，由于我国制造业僵尸企业问题成因复杂，因此解决对策同样也需要从多方面共同发力，协同推进经济结构调整与体制机制改革，其中经济结构调整又包含产业结构和企业结构两个方面。首先，产业层面上的对策是减轻产业供给结构失衡，包括推动"一带一路"建设创造合作机遇、推进"互联网＋"战略培育产业新业态以及推行区域差异化策略促进产业转移承接。其次，企业层面上的对策是提升市场主体供给质量，包括加强知识产权保护提升企业创新动力、激发企业家活力催生高效率民营企业以及鼓励企业服务化转型实现价值链攀升。最后，制度层面上的对策是推进市场体制机制改革，包括健全市场退出机制，提高破产程序效率、完善金融市场制度，培育独立市场主体以及降低政府干预程度，推动产业政策转型。

第二节　创新之处

现有研究往往孤立地去研究僵尸企业问题，没有从供给的角度指出僵尸企业问题与供给侧结构性改革的内在联系。僵尸企业问题从供给侧的视角来分析，就是如何淘汰旧供给并转型升级为新供给，如何减少无效供给并增加有效供给的问题。解决僵尸企业问题就是消除资源重新配置的障碍，最终提高全要素生产率。本书从供给侧视角分析我国制造业僵尸企业的形成机理，为化解供给侧的矛盾奠定新的理论基础。

虽然现有文献对我国僵尸企业的现状进行了整体性研究，但这些研究比较缺乏针对制造业的深入考察。我国制造业的地区分布差异很大，行业间技术水平各不相同，而不同的所有制也会对僵尸企业的形成产生不同的影响，这些都并未在现有研究中体现出来。此外，本书界定了我国现阶段制造业僵尸企业问题的性质并非周期性问题，不能通过刺激政策解决，从供给侧角度进行的深入研究是对现有研究成果的有益补充。

国内学界并未就我国僵尸企业的最优识别方法达成共识。国际上广泛使用的 FN-CHK 识别法具有很多优点，但在我国直接使用可能会带来识别上的偏误。比如在我国，相比于银行在信贷利息上的补贴，政府的补贴和扶持更可能是僵尸企业得以存续的本质原因，这一点在我国的国有制造业企业中表现得尤为突出。本书在对我国制造业僵尸企业进行识别时加入政府补贴的因素对现有识别法进行修正，使之更适用于我国的国情。

最重要的一点是，现有研究往往只提出清退僵尸企业的措施，并未表明供给侧改革即体制机制改革对解决僵尸企业问题的根本性作用。本书提出我国进入新常态之后的制造业僵尸企业问题是阶段性问题，应该从供给侧的视角重新审视并通过体制机制改革解决，落脚点是建立正常的银企关系与合理的政企关系，促使僵尸企业在市场作用下自行退出。进而,本书据此提出解决我国制造业僵尸企业问题的对策建议。

第三节　展望

僵尸企业的妥善处置是研究僵尸企业问题的最终目的，目前该问题主要由我国学者探讨，这与我国市场机制作用发挥受限有关。然而，多数研究遵循新古典经济学分析范式，结合制度背景的政治经济学分析仍然不足，容易忽视市场与政府之间的关系及其发展变化。

僵尸企业由软预算约束而生，就难以由强直接干预而灭，市场和政府作用的再平衡成为解决问题的关键。虽然大多数学者已经对需要通过市场化、法治化办法处理僵尸企业问题形成共识，但实际上僵尸企业尤其是僵尸国有企业的合理处置还面临着明确中央与地方政府权责关系、协调长期与短期利益、兼顾国有企业保资本和宏观经济稳就业等一系列问题，对于地方政府具有现实可操作性的详细处理办法和中央政府如何采取实现各方激励相容的具体政策措施仍然是一个亟待研究的重要课题。

参考文献

［1］白暴力，王胜利．供给侧改革的理论和制度基础与创新［J］．中国社会科学院研究生院学报，2017（02）：49-59+146.

［2］白虹．从 SK 集团的丑闻透视韩国财阀经济的变迁［J］．金融论坛，2003（06）：54-60.

［3］白让让．供给侧结构性改革下国有中小企业退出与"去产能"问题研究［J］．经济学动态，2016（07）：65-74.

［4］白让让．竞争驱动、政策干预与产能扩张——兼论"潮涌现象"的微观机制［J］．经济研究，2016，51（11）：56-69.

［5］鲍莫尔．创新：经济增长的奇迹［M］．北京：中信出版社，2016.

［6］蔡昉．二元经济作为一个发展阶段的形成过程［J］．经济研究，2015，50（07）：4-15.

［7］蔡昉．中国经济增长如何转向全要素生产率驱动型［J］．中国社会科学，2013（01）：56-71+206.

［8］蔡昉，王德文，曲玥．中国产业升级的大国雁阵模型分析［J］．经济研究，2009，44（09）：4-14.

［9］蔡昉，都阳．积极应对我国制造业单位劳动力成本过快上升问题［J］．前线，2016（05）：24-25.

［10］蔡虹，吴凯，蒋仁爱．中国最优知识产权保护强度的实证研究［J］．科学学研究，2014，32（09）：1339-1346.

［11］陈冬华．地方政府、公司治理与补贴收入——来自我国证券市场的经验证据［J］．财经研究，2003（09）：15-21.

［12］陈运森，黄健峤．地域偏爱与僵尸企业的形成——来自中国的

经验证据［J］.经济管理，2017，39（09）：149–166.

［13］程虹，胡德状."僵尸企业"存在之谜：基于企业微观因素的实证解释——来自2015年"中国企业—员工匹配调查"（CEES）的经验证据［J］.宏观质量研究，2016，4（01）：7–25.

［14］程虹，谭琳.企业家活动配置与僵尸企业——基于"中国企业—劳动力匹配调查"（CEES）的实证研究［J］.中南财经政法大学学报，2017（05）：137–147.

［15］楚明钦.产业发展、要素投入与我国供给侧改革［J］.求实，2016（06）：33–39.

［16］戴泽伟，潘松剑.僵尸企业的"病毒"会传染吗？——基于财务信息透明度的证据［J］.财经研究，2018，44（12）：138–150.

［17］邓洲.我国处置"僵尸企业"的进展、困境及对策［J］.经济纵横，2016（09）：19–24.

［18］樊纲，王小鲁，朱恒鹏.中国市场化指数：各地区市场化相对进程2009年报告［M］.北京：经济科学出版社，2010.

［19］范瀚文，张凌云，曾繁华.僵尸企业的出口规模挤出效应考量［J］.江汉论坛，2018（11）：63–69.

［20］范子英，王倩.转移支付的公共池效应、补贴与僵尸企业［J］.世界经济，2019，42（07）：120–144.

［21］冯昭奎.日本经济［M］.北京：中国社会科学出版社，2015.

［22］付晓.论"僵尸"企业的退出机制［J］.商场现代化，2016（16）：83–84.

［23］傅勇，张晏.中国式分权与财政支出结构偏向：为增长而竞争的代价［J］.管理世界，2007（03）：4–12+22.

［24］傅元海，叶祥松，王展祥.制造业结构优化的技术进步路径选择——基于动态面板的经验分析［J］.中国工业经济，2014（09）：78–90.

［25］耿强，江飞涛，傅坦.政策性补贴、产能过剩与中国的经济波

动——引入产能利用率 RBC 模型的实证检验［J］.中国工业经济，2011（05）：27-36.

［26］郭莹.供给侧结构性改革视角下僵尸企业的成因与出清路径［J］.现代经济探讨，2016（12）：54-58.

［27］侯方宇，杨瑞龙.新型政商关系、产业政策与投资"潮涌现象"治理［J］.中国工业经济，2018（05）：62-79.

［28］胡文锋.浅议"僵尸企业"的清退［J］.法制与社会，2016（09）：196-197.

［29］黄群慧.论中国工业的供给侧结构性改革［J］.中国工业经济，2016（09）：5-23.

［30］黄群慧，贺俊.中国制造业的核心能力、功能定位与发展战略——兼评《中国制造 2025》［J］.中国工业经济，2015（06）：5-17.

［31］黄少安，李睿.二元产权结构、父爱主义和利率双重双轨制［J］.社会科学战线，2016（01）：42-50.

［32］黄少卿，陈彦.中国僵尸企业的分布特征与分类处置［J］.中国工业经济，2017（03）：24-43.

［33］黄婷，郭克莎.国有僵尸企业退出机制的演化博弈分析［J］.经济管理，2019，41（05）：5-20.

［34］纪志宏，周黎安，王鹏，赵鹰妍.地方官员晋升激励与银行信贷——来自中国城市商业银行的经验证据［J］.金融研究，2014（01）：1-15.

［35］贾康."十三五"时期的供给侧改革［J］.国家行政学院学报，2015（06）：12-21.

［36］江飞涛，李晓萍.直接干预市场与限制竞争：中国产业政策的取向与根本缺陷［J］.中国工业经济，2010（09）：26-36.

［37］江飞涛，李晓萍.当前中国产业政策转型的基本逻辑［J］.南京大学学报（哲学·人文科学·社会科学版），2015，52（03）：17-24+157.

［38］蒋灵多，陆毅.最低工资标准能否抑制新僵尸企业的形成［J］.中国工业经济，2017（11）：118-136.

［39］蒋灵多，陆毅，陈勇兵.市场机制是否有利于僵尸企业处置：以外资管制放松为例［J］.世界经济，2018，41（09）：121-145.

［40］蒋瑜洁，蔡达贤.泡沫经济破灭后日本僵尸企业的成因、治理及启示［J］.现代日本经济，2017，36（04）：46-57.

［41］江小涓.国有企业的能力过剩、退出及退出援助政策［J］.经济研究，1995（02）：46-54.

［42］靳来群，林金忠，丁诗诗.行政垄断对所有制差异所致资源错配的影响［J］.中国工业经济，2015（04）：31-43.

［43］金祥荣，李旭超，鲁建坤.僵尸企业的负外部性：税负竞争与正常企业逃税［J］.经济研究，2019，54（12）：70-85.

［44］金英姬.韩国财阀企业功过得失及启示［J］.上海经济研究，2017（11）：109-118.

［45］康灿雄.裙带资本主义：韩国和菲律宾的腐败与发展［M］.上海：上海人民出版社，2017.

［46］黎文靖，郑曼妮.实质性创新还是策略性创新？——宏观产业政策对微观企业创新的影响［J］.经济研究，2016，51（04）：60-73.

［47］李锦成，宁薛平.供给侧改革的三个要点分析：维度、时机、频率［J］.经济问题探索，2017（06）：1-7.

［48］李旭超，鲁建坤，金祥荣.僵尸企业与税负扭曲［J］.管理世界，2018，34（04）：127-139.

［49］李志远，余淼杰.生产率、信贷约束与企业出口：基于中国企业层面的分析［J］.经济研究，2013，48（06）：85-99.

［50］林毅夫.新结构经济学：反思经济发展与政策的理论框架（增订版）［M］.北京：北京大学出版社，2014.

［51］刘冲，郭峰，傅家范，周强龙.政治激励、资本监管与地方银行信贷投放［J］.管理世界，2017（10）：36-50.

［52］刘海洋，孔祥贞，谷宇．中国企业通过什么途径缓解了出口融资约束［J］．财贸经济，2013（06）：85-96．

［53］刘奎甫，茅宁．"僵尸企业"国外研究述评［J］．外国经济与管理，2016，38（10）：3-19．

［54］刘莉亚，刘冲，陈垠帆，周峰，李明辉．僵尸企业与货币政策降杠杆［J］．经济研究，2019，54（09）：73-89．

［55］刘亮，李洁，李明月．供给侧改革应与需求侧管理相配合［J］．贵州社会科学，2016（07）：117-122．

［56］刘瑞明，石磊．上游垄断、非对称竞争与社会福利——兼论大中型国有企业利润的性质［J］．经济研究，2011，46（12）：86-96．

［57］刘思明，侯鹏，赵彦云．知识产权保护与中国工业创新能力——来自省级大中型工业企业面板数据的实证研究［J］．数量经济技术经济研究，2015，32（03）：40-57．

［58］卢现祥，朱巧玲．新制度经济学（第二版）［M］．北京：北京大学出版社，2012．

［59］马化腾，张晓峰，杜军．互联网＋国家战略行动路线图［M］．北京：中信出版社，2015．

［60］马克思．资本论［M］．北京：人民出版社，2004．

［61］聂辉华，江艇，张雨潇，方明月．我国僵尸企业的现状、原因与对策［J］．宏观经济管理，2016（09）：63-68+88．

［62］乔小乐，宋林，戴小勇．中国制造业僵尸企业的劳动力资源错配效应研究［J］．财贸经济，2019，40（11）：113-128．

［63］任曙明，吕镯．融资约束、政府补贴与全要素生产率——来自中国装备制造企业的实证研究［J］．管理世界，2014（11）：10-23+187．

［64］申广军．比较优势与僵尸企业：基于新结构经济学视角的研究［J］．管理世界，2016（12）：13-24+187．

［65］宋建波，苏子豪，王德宏．论"僵尸企业"处置中政府补贴的作用［J］．中国人民大学学报，2019，33（02）：89-96．

［66］孙丽．日本处理僵尸企业问题的经验教训研究［J］.日本学刊，2017（03）：83-108.

［67］谭语嫣，谭之博，黄益平，胡永泰．僵尸企业的投资挤出效应：基于中国工业企业的证据［J］.经济研究，2017，52（05）：175-188.

［68］王凤荣，郑志全，慕庆宇．僵尸企业如何影响正常企业风险承担？——中国制造业上市公司的实证研究［J］.经济管理，2019,41(10)：37-53.

［69］王立国，高越青．建立和完善市场退出机制有效化解产能过剩［J］.宏观经济研究，2014（10）：8-21.

［70］王守坤．僵尸企业与污染排放：基于识别与机理的实证分析［J］.统计研究，2018，35（10）：58-68.

［71］王万珺，刘小玄．为什么僵尸企业能够长期生存［J］.中国工业经济，2018（10）：61-79.

［72］王小鲁，樊纲，余静文．中国分省份市场化指数报告（2016）［M］.北京：社会科学文献出版社，2017.

［73］王永进，刘灿雷．国有企业上游垄断阻碍了中国的经济增长？——基于制造业数据的微观考察［J］.管理世界，2016（06）：10-21+187.

［74］王永钦，李蔚，戴芸．僵尸企业如何影响了企业创新？——来自中国工业企业的证据［J］.经济研究，2018，53（11）：99-114.

［75］王元地，杨雪，胡园园，李艳佳．"供给侧改革"解读及其政策影响下的企业实践［J］.中国矿业大学学报（社会科学版），2016，18（03）：48-59.

［76］魏鹏．供给侧改革促进经济中高速增长——基于2004—2015年省际面板数据实证分析［J］.经济问题探索，2016（10）：18-27.

［77］韦森．中国经济增长的真实逻辑［M］.北京：中信出版集团，2017.

［78］吴敬琏．产业政策面临的问题：不是存废，而是转型［J］.兰

州大学学报（社会科学版），2017，45（06）：1-9.

［79］吴群，李永乐．财政分权、地方政府竞争与土地财政［J］．财贸经济，2010（07）：51-59.

［80］吴延兵．不同所有制企业技术创新能力考察［J］．产业经济研究，2014（02）：53-64.

［81］席鹏辉，梁若冰，谢贞发，苏国灿．财政压力、产能过剩与供给侧改革［J］．经济研究，2017，52（09）：86-102.

［82］肖兴志，黄振国．僵尸企业如何阻碍产业发展：基于异质性视角的机理分析［J］．世界经济，2019，42（02）：122-146.

［83］肖兴志，张伟广，朝镛．僵尸企业与就业增长：保护还是排挤？［J］．管理世界，2019，35（08）：69-83.

［84］熊彼特．经济发展理论［M］．北京：商务印书馆，2017.

［85］熊彼特．资本主义、社会主义和民主［M］．北京：商务印书馆，1979.

［86］熊兵．"僵尸企业"治理的他国经验［J］．改革，2016（03）：120-127.

［87］徐礼伯，钞小静，苏德金．新常态下的供给侧改革与中国产业结构升级——基于钻石理论的视角［J］．江海学刊，2016（04）：78-85+238.

［88］闫振坤．中国产业政策的两种模式与转换取向［J］．江汉论坛，2017（01）：37-42.

［89］杨春学，杨新铭．供给侧改革逻辑的思考［J］．中国社会科学院研究生院学报，2016（04）：48-58.

［90］杨德明，刘泳文．"互联网＋"为什么加出了业绩［J］．中国工业经济，2018（05）：80-98.

［91］杨国庆．从亚洲金融危机看美国金融霸权［D］．复旦大学，2007.

［92］阳立高，贺正楚，柒江艺，韩峰．发展中国家知识产权保护、

人力资本与经济增长 [J].中国软科学，2013（11）：123-138.

[93] 亚诺什·科尔内.短缺经济学 [M].北京：经济科学出版社，1986.

[94] 叶美兰，陈桂香.工匠精神的当代价值意蕴及其实现路径的选择 [J].高教探索，2016（10）：27-31.

[95] 尹嘉咻，邹国庆.日本处理"僵尸企业"的主要手段及其启示 [J].现代日本经济，2017，36（04）：58-68.

[96] 余斌，吴振宇.供需失衡与供给侧结构性改革 [J].管理世界，2017（08）：1-7.

[97] 余东华，吕逸楠.政府不当干预与战略性新兴产业产能过剩——以中国光伏产业为例 [J].中国工业经济，2015（10）：53-68.

[98] 余明桂，回雅甫，潘红波.政治联系、寻租与地方政府财政补贴有效性 [J].经济研究，2010，45（03）：65-77.

[99] 张栋，谢志华，王靖雯.中国僵尸企业及其认定——基于钢铁业上市公司的探索性研究 [J].中国工业经济，2016（11）：90-107.

[100] 张杰，芦哲，郑文平，陈志远.融资约束、融资渠道与企业R&D投入 [J].世界经济，2012，35（10）：66-90.

[101] 张亮，唐任伍，成蕾."僵尸企业"的成因、处置障碍与对策 [J].经济纵横，2018（02）：49-54.

[102] 张其仔，郭朝先，白玫，邓洲，胡文龙，张航燕等."一带一路"国家产业竞争力分析 [M].北京：社会科学文献出版社，2017.

[103] 张钦昱.软预算约束视角下破产清算程序之反思及重构 [J].法商研究，2016，33（03）：92-101.

[104] 张维迎，盛斌.企业家 [M].上海：上海人民出版社，2014.

[105] 张夏成.韩国式资本主义：从经济民主化到经济正义 [M].北京：中信出版集团，2018.

[106] 张晓晶，李成，李育.扭曲、赶超与可持续增长——对政府与市场关系的重新审视 [J].经济研究，2018，53（01）：4-20.

［107］张一林，蒲明.债务展期与结构性去杠杆［J］.经济研究，2018，53（07）：32-46.

［108］赵树文，王嘉伟.僵尸企业治理法治化保障研究——以破产法及其实施机制的完善为研究路径［J］.河北法学，2017，35（02）：78-92.

［109］赵旭梅.日本企业集团金融制度研究［D］.复旦大学，2004.

［110］中国社会科学院工业经济研究所.中国工业发展报告（2016）［M］.北京：经济管理出版社，2016.

［111］中国社会科学院工业经济研究所.中国工业发展报告（2017）［M］.北京：经济管理出版社，2017.

［112］周黎安.中国地方官员的晋升锦标赛模式研究［J］.经济研究，2007（07）：36-50.

［113］朱莉妍.信贷资源配置、政府干预与银行绩效的研究［D］.浙江大学，2017.

［114］朱舜楠，陈琛."僵尸企业"诱因与处置方略［J］.改革，2016（03）：110-119.

［115］诸竹君，张胜利，黄先海.对外直接投资能治愈僵尸企业吗——基于企业加成率的视角［J］.国际贸易问题，2018（08）：108-120.

［116］Ahearne A, Shinada N. Zombie firms and economic stagnation in Japan［J］. International Economics and Economic Policy, 2005, 2（4）：363-381.

［117］Aigner D, Chu S. On estimating the industry production function［J］. The American Economic Review, 1968, 58（4）：826-839.

［118］Albertazzi U, Marchetti D J. Credit supply, flight to quality and evergreening : An analysis of bank-firm relationships after Lehman［R］. Working Paper, 2010.

［119］Arrowsmith M, Griffiths M. SME forbearance and its

implications for monetary and financial stability [J]. Bank of England Quarterly Bulletin, 2013 (53): 296–303.

[120] Boeckx J, Cordemans N, Dossche M. Causes and implications of the low level of the risk–free interest rate [J]. Economic Review, 2013 (2): 63–88.

[121] Caballero R J, Hoshi T, Kashyap A K. Zombie lending and depressed restructuring in Japan [J]. The American Economic Review, 2008, 98 (5): 1943–1977.

[122] Cai, F., & Yang, L. Population change and resulting slowdown in potential GDP growth in China [J]. China & World Economy, 2013, 21 (2): 1–14.

[123] Chakraborty S, Peek J. Cherry–picking winners or aiding the distressed？ Anatomy of a financial crisis intervention [R].Working Paper, 2012.

[124] Chernobai A, Yasuda Y. Disclosures of material weaknesses by Japanese firms after the passage of the 2006 Financial Instruments and Exchange Law [J]. Journal of Banking & Finance, 2013, 37 (5): 1524–1542.

[125] Fukao K. Explaining Japan's unproductive two decades [J]. Asian Economic Policy Review, 2013, 8 (2): 193–213.

[126] Fukuda S I, Nakamura J I. Why did "zombie" firms recover in Japan？ [J]. The World Economy, 2011, 34 (7): 1124–1137.

[127] Fukuda S I, Kasuya M, Akashi K. The role of trade credit for small firms : An implication from Japan's banking crisis [R].Working Paper, 2006.

[128] Gambacorta L, Marquesibanez D. The bank lending channel : lessons from the crisis [J]. Economic Policy, 2011, 26 (66): 135–182.

[129] Giannetti M, Simonov A. On the real effects of bank

bailouts : Micro evidence from Japan [J]. American Economic Journal : Macroeconomics, 2013, 5 (1) : 135–167.

[130] Goto Y, Wilbur S. Unfinished business : Zombie firms among SME in Japan's lost decades [R]. Working Paper, 2018.

[131] Shen G, Chen B. Zombie firms and over–capacity in Chinese manufacturing [J]. China Economic Review, 2017 (44) : 327–342.

[132] Hirata W. Financial market imperfections and aggregate fluctuations [D]. Boston : Boston College, 2010.

[133] Hoshi T, Kashyap A K. Will the U.S. bank recapitalization succeed ? Eight lessons from Japan [J]. Journal of Financial Economics, 2010, 97 (3) : 398–417.

[134] Hoshi T, Kashyap A. Why did Japan stop growing ? [R]. Working Paper, 2011.

[135] Hoshi T, Kim Y. Macroprudential policy and zombie lending in Korea [R]. Working Paper, 2012.

[136] Imai M. Local economic effects of a government–owned depository institution : Evidence from a natural experiment in Japan [J]. Journal of Financial Intermediation, 2012, 21 (1) : 1–22.

[137] Imai, K. A Panel Study of Zombie SMEs in Japan : Identification, Borrowing and Investment Behavior [J]. Journal of the Japanese and International Economies, 2016 (39) : 91–107.

[138]Jaskowski M. Should zombie lending always be prevented ? [J]. International Review of Economics & Finance, 2015 (40) : 191–203.

[139] Kane E J. Dangers of capital forbearance : the case of the FSLIC and "zombie" S&Ls [J]. Contemporary Economic Policy, 1987, 5 (1) : 77–83.

[140] Kane E J. What Lessons Should Japan Learn from the U.S. Deposit–Insurance Mess ? [J]. Journal of the Japanese & International

Economies, 1993, 7（4）: 329–355.

［141］Kashyap A, Stein J. What do a million observations on banks say about the transmission of monetary policy？ ［J］. The American Economic Review, 2000, 90（3）: 407–428.

［142］Kawai M, Morgan P. Banking crises and "Japanization": Origins and implications ［R］. Working Paper, 2013.

［143］Khwaja A, Mian A. Do lenders favor politically connected firms？ Rent provision in an emerging financial market ［J］. The Quarterly Journal of Economics, 2005, 120（4）: 1371–1411.

［144］Khwaja A, Mian A. Tracing the impact of bank liquidity shocks: evidence from an emerging market ［J］. The American Economic Review, 2008, 98（4）: 1413–1442.

［145］Kwon H U, Narita F, Narita M. Resource reallocation and zombie lending in Japan in the 1990s ［J］. Review of Economic Dynamics, 2015, 18（4）: 709–732.

［146］Lin Y P. Zombie lending, financial reporting opacity and contagion ［D］. Singapore: National University of Singapore, 2011.

［147］Lin Y P, Srinivasan A, Yamada T. The effect of government bank lending: Evidence from the financial crisis in Japan ［R］.Working Paper, 2015.

［148］Martin Schaaper. Measuring China's Innovation System National Specificities and International Comparisons ［R］. OECD Working Paper, 2009.

［149］Manova K. Credit Constraints, Heterogeneous Firms, and International Trade ［J］. Review of Economic Studies, 2013, 80（2）: 711–744.

［150］Nakamura J I, Fukuda S I. What happened to "zombie" firms in Japan？ Reexamination for the lost two decades ［J］. Global Journal of

Economics, 2013, 2 (2): 1–18.

[151] Okada Y. Competition and productivity in Japanese manufacturing industries [J]. Journal of the Japanese and International Economies, 2005, 19 (4): 586–616.

[152] Okamura K. "Zombie" banks make "zombie" firms [J]. Working Paper, 2011.

[153] Papava V G. The problem of zombification of the postcommunist necroeconomy [J]. Problems of Economic Transition, 2010, 53 (4): 35–51.

[154] Peek J, Rosengren E S. Unnatural Selection: Perverse Incentives and the Misallocation of Credit in Japan [J]. The American Economic Review, 2005, 95 (4): 1144–1166.

[155] Rawdanowicz L, Bouis R, Watanabe S. The benefits and costs of highly expansionary monetary policy [R]. Working Paper, 2013.

[156] Ridzak T. Lending activity and credit supply to firms during the crisis–evidence from the Croatian micro level data [A]// The Seventeenth Dubrovnik Economic Conference [C]. Croatian: Croatian National Bank, 2011.

[157] Song Z, Storesletten K, Zilibotti F. Growing like China [J]. The American Economic Review, 2011, 101 (1): 196–233.

[158] Ueda K. Deleveraging and monetary policy: Japan since the 1990s and the United States since 2007 [J]. Journal of Economic Perspectives, 2012, 26 (3): 177–202.

[159] Urionabarrenetxea S, Domingo J, San–Jose L, Retolaza J. Living with zombie companies: Do we know where the threat lies? [J]. European Management Journal, 2018, 36 (1): 408–420.

[160] Watanabe W. Prudential regulations and banking behavior in Japan [J]. Japanese Economy, 2011, 38 (3): 30–70.

［161］Wilcox J. Why the U.S. won't have a "lost decade"？［R］. Working Paper, 2008.

［162］Woo W T. China's Soft Budget Constraint on Demand-Side Undermines Its Supply-Side Structural Reforms［R］. Working Paper, 2017.

附 录

僵尸企业占比变化

表1　省份僵尸企业占比（负债加权）　　　　　　　　单位：%

年份 省份	2000	2001	2002	2003	2004	2005	2006
北京市	31.3	32.6	27.9	22.0	13.5	13.7	17.6
天津市	33.0	36.6	36.8	20.3	17.7	20.0	17.2
河北省	33.7	29.5	26.0	20.0	15.9	16.6	17.1
山西省	52.9	50.8	39.2	27.5	15.1	9.9	17.3
内蒙古自治区	28.8	31.6	39.8	42.1	25.7	18.0	19.4
辽宁省	41.9	43.4	38.2	27.6	18.8	22.2	24.1
吉林省	55.6	49.3	29.8	24.6	15.3	16.0	24.2
黑龙江省	39.0	53.9	46.4	42.1	37.1	39.8	26.7
上海市	24.2	19.4	21.8	21.0	16.0	11.5	16.5
江苏省	24.0	22.0	24.8	20.5	13.0	9.8	11.8
浙江省	14.3	12.9	11.1	7.2	4.3	5.9	8.4
安徽省	44.6	44.4	38.1	28.1	24.9	25.5	26.5
福建省	19.1	19.2	17.7	11.9	9.8	8.5	7.9
江西省	47.1	45.5	51.9	37.4	20.6	21.3	16.9
山东省	29.2	24.3	17.0	15.2	11.0	10.9	8.2
河南省	45.0	43.3	36.1	25.3	11.8	16.3	16.6
湖北省	41.0	33.1	31.7	23.2	14.3	20.8	18.2
湖南省	42.3	28.1	27.3	27.3	19.5	20.3	15.3
广东省	23.4	22.0	23.4	19.2	15.0	14.8	16.7

续表

年份 省份	2000	2001	2002	2003	2004	2005	2006
广西壮族自治区	33.0	27.1	23.8	18.2	11.8	12.6	13.5
海南省	37.5	40.1	44.0	30.3	13.8	12.9	11.7
重庆市	37.0	34.4	36.9	32.1	20.4	22.5	22.4
四川省	35.5	43.4	33.6	25.2	11.8	18.0	11.7
贵州省	49.8	50.9	44.3	28.7	25.3	25.3	28.0
云南省	38.1	32.8	36.4	31.6	14.0	13.6	11.8
陕西省	38.6	47.4	45.4	39.0	27.1	28.5	22.2
甘肃省	53.7	55.6	56.4	51.0	24.7	27.4	28.0
青海省	23.0	16.1	19.8	5.9	8.6	20.2	49.3
宁夏回族自治区	32.2	35.6	25.0	13.0	11.2	21.2	31.2
新疆维吾尔自治区	23.3	22.3	24.1	28.5	16.7	17.8	16.9
年份 省份	2007	2008	2009	2010	2011	2012	2013
北京市	19.1	14.9	14.5	5.0	15.1	9.3	15.2
天津市	13.3	13.7	20.2	4.6	7.8	8.5	26.1
河北省	10.3	7.2	16.2	2.0	2.0	5.5	19.4
山西省	14.5	8.3	16.8	2.6	3.4	9.2	22.8
内蒙古自治区	16.1	9.2	10.6	1.7	2.0	2.9	20.3
辽宁省	23.8	23.5	27.4	5.8	4.4	9.8	28.0
吉林省	16.5	16.5	27.8	2.0	1.6	8.5	16.4
黑龙江省	20.3	19.2	28.8	6.7	10.7	23.1	30.3
上海市	12.6	14.4	19.7	3.1	6.8	15.2	20.3
江苏省	9.5	6.3	11.7	1.4	2.6	6.6	11.0
浙江省	7.1	8.1	11.4	3.4	1.8	4.8	7.0
安徽省	15.3	8.4	11.0	7.8	2.7	12.0	16.1
福建省	6.0	14.3	20.8	5.7	1.6	2.7	9.6
江西省	17.5	7.8	21.0	4.2	2.9	9.9	14.9
山东省	7.3	6.6	8.9	2.3	1.6	2.3	6.9
河南省	9.6	7.9	23.2	12.7	2.8	5.2	9.8

续表

年份 省份	2007	2008	2009	2010	2011	2012	2013
湖北省	15.8	6.1	7.5	8.7	2.8	3.9	9.7
湖南省	9.7	8.1	19.9	11.0	11.0	11.0	11.0
广东省	13.2	11.9	15.6	10.7	4.7	7.7	14.1
广西壮族自治区	15.8	19.1	30.7	14.8	14.4	11.5	15.1
海南省	8.9	12.0	22.0	7.7	2.3	3.9	3.9
重庆市	13.6	8.9	15.4	6.8	3.5	8.5	19.1
四川省	10.5	7.3	10.4	9.6	8.5	14.0	16.3
贵州省	26.2	23.8	40.4	17.5	3.8	8.9	9.9
云南省	13.2	18.9	23.7	5.9	3.7	7.7	16.7
陕西省	14.3	12.6	31.5	11.2	6.3	18.4	17.4
甘肃省	16.7	10.3	37.6	31.0	12.1	17.2	24.4
青海省	42.4	35.3	77.1	41.0	1.9	3.8	6.0
宁夏回族自治区	8.7	7.2	10.8	4.7	3.1	7.1	9.2
新疆维吾尔自治区	11.9	8.3	17.9	9.2	4.6	6.5	15.8

数据来源：中国工业企业数据库，笔者计算整理。

表2　行业僵尸企业占比（负债加权） 单位：%

年份 行业	2000	2001	2002	2003	2004	2005	2006
农副食品加工业	27.9	21.9	19.5	16.8	11.0	11.9	12.6
食品制造业	24.3	22.0	19.4	15.8	13.2	11.3	12.8
饮料制造业	29.1	27.1	24.5	25.0	19.9	18.8	18.2
纺织业	32.4	27.5	26.8	22.1	14.6	14.7	14.8
纺织服装、鞋、帽制造业	19.8	16.8	16.7	16.7	10.1	11.4	12.1
皮革、毛皮、羽绒及其制品业	29.0	25.1	22.2	17.1	12.7	14.0	12.8
木材加工及木、竹、藤等制品业	29.4	31.1	32.4	28.7	17.1	14.8	18.2
家具制造业	21.7	21.7	18.9	16.4	9.9	10.1	12.8
造纸及纸制品业	25.1	24.0	20.8	15.7	11.4	10.1	14.4
印刷业和记录媒介的复制	30.4	22.6	24.1	19.9	15.2	15.8	19.4
文教体育用品制造业	23.1	15.2	14.5	15.3	12.8	12.3	16.3

行业＼年份	2000	2001	2002	2003	2004	2005	2006
石油加工、炼焦及核燃料加工业	25.6	33.6	24.0	29.7	14.0	15.3	24.9
化学原料及化学制品制造业	42.8	38.7	36.3	25.5	17.6	15.1	15.0
医药制造业	17.2	13.9	10.7	10.9	8.6	9.9	12.5
化学纤维制造业	32.9	37.7	38.7	21.4	12.7	10.7	10.7
橡胶制品业	46.1	35.3	23.8	20.2	14.1	13.2	13.7
塑料制品业	27.5	24.7	20.6	17.3	12.2	13.7	14.2
非金属矿物制品业	40.0	36.7	34.4	27.8	18.7	19.1	23.1
黑色金属冶炼及压延加工业	37.1	31.3	16.6	9.9	5.1	4.4	6.5
有色金属冶炼及压延加工业	34.6	32.0	33.7	18.9	12.5	14.1	9.4
金属制品业	28.0	25.1	23.7	16.6	11.2	10.7	11.9
通用设备制造业	38.5	34.1	32.4	26.5	19.6	13.7	13.3
专用设备制造业	47.6	42.2	39.3	33.3	20.9	22.4	21.0
交通运输设备制造业	44.9	40.7	30.1	25.6	20.0	22.1	21.7
电气机械及器材制造业	22.6	24.0	21.9	17.9	11.3	12.2	12.1
通信设备、计算机及其他电子设备制造业	15.0	16.0	19.7	13.2	9.0	13.6	16.8
仪器仪表及文化、办公用机械制造业	35.6	26.5	23.5	19.2	13.1	11.9	12.8
工艺品及其他制造业	22.2	19.9	17.4	17.5	12.4	14.1	18.5

行业＼年份	2007	2008	2009	2010	2011	2012	2013
农副食品加工业	9.1	8.6	11.1	3.7	1.6	4.1	7.5
食品制造业	10.5	10.1	9.7	3.5	3.1	5.3	7.3
饮料制造业	16.3	14.4	13.6	5.0	3.8	7.0	6.3
纺织业	13.5	12.2	16.7	4.6	3.2	6.0	8.8
纺织服装、鞋、帽制造业	12.9	12.9	16.7	4.9	2.8	5.2	9.8
皮革、毛皮、羽绒及其制品业	10.4	11.7	15.9	5.3	2.9	4.7	6.1
木材加工及木、竹、藤等制品业	10.7	9.0	14.8	4.6	2.6	4.1	6.5
家具制造业	11.9	13.6	18.6	6.5	4.7	8.1	9.8
造纸及纸制品业	11.0	10.4	16.7	4.8	3.0	5.0	9.1
印刷业和记录媒介的复制	17.6	15.9	22.7	9.0	6.4	9.7	11.6

续表

行业 \ 年份	2007	2008	2009	2010	2011	2012	2013
文教体育用品制造业	15.5	15.8	24.6	7.8	6.0	9.2	11.6
石油加工、炼焦及核燃料加工业	11.8	7.6	11.9	4.6	5.3	12.8	25.6
化学原料及化学制品制造业	12.2	10.9	14.2	5.1	3.7	6.3	15.1
医药制造业	12.2	9.4	10.1	3.1	2.3	4.2	6.1
化学纤维制造业	12.8	9.0	13.2	2.2	1.7	3.9	9.7
橡胶制品业	12.6	9.9	11.7	2.8	2.6	4.0	11.5
塑料制品业	14.7	11.9	14.3	5.2	3.1	6.0	9.9
非金属矿物制品业	17.8	13.2	16.3	5.5	2.3	4.4	29.9
黑色金属冶炼及压延加工业	5.0	5.0	11.1	2.2	1.5	10.3	8.9
有色金属冶炼及压延加工业	4.8	4.5	18.6	1.7	0.6	6.7	8.4
金属制品业	10.2	8.3	10.7	4.6	2.3	3.8	14.3
通用设备制造业	10.5	11.4	15.4	4.6	4.7	6.9	14.3
专用设备制造业	14.5	8.8	15.4	4.8	5.0	7.1	10.9
交通运输设备制造业	18.0	15.4	15.9	5.4	3.4	9.4	21.2
电气机械及器材制造业	10.0	7.5	8.6	3.6	2.5	5.9	13.7
通信设备、计算机及其他电子设备制造业	11.8	11.8	15.2	4.2	4.7	7.9	6.4
仪器仪表及文化、办公用机械制造业	10.5	9.0	10.0	3.8	2.2	5.4	17.6
工艺品及其他制造业	14.5	12.4	10.6	3.3	0.7	12.2	13.4

数据来源：中国工业企业数据库，笔者计算整理。